LINDSEY AGNESS

CAMBIA TU VIDA con PNL

Programación neurolingüística

*LA PODEROSA FORMA
DE MEJORAR TU VIDA*

SELECTOR ®
actualidad editorial

SELECTOR ®
actualidad editorial

Doctor Erazo 120 Colonia Doctores México 06720, D.F.
Tel. (52 55) 51 34 05 70 Fax. (52 55) 57 61 57 16
LADA SIN COSTO: 01 800 821 72 80

CAMBIA TU VIDA CON PNL
Autor: Lindsey Agness
Traducción: María Herrero Díaz
Colección: Superación personal

Traducción de la obra original *Change your life with NLP. The powerful way to make your whole life better,* Lindsey Agness

Diseño de portada: Socorro Ramírez Gutiérrez

D.R. © Selector, S.A. de C.V., 2009
        Doctor Erazo 120, Col. Doctores
        C.P. 06720, México, D.F.

ISBN: 978-607-453-030-8

Primera edición: julio 2009

Sistema de clasificación Melvil Dewey

150.194
A5
2009

Agnes Lindsey
Cambia tu vida con PNL / Lindsey, Agnes;
trad. María Herrero Díaz.--
Cd. de México, México: Selector, 2009.
184 pp.

ISBN: 978-607-453-030-8

1. Psicología del comportamiento. Medicina.

Esta edición se imprimió en julio de 2009, en *Acabados Editoriales Tauro, S.A. de C.V. Margarita No. 84, Col. Los Ángeles, Iztapalapa, C.P. 09360, México, D.F.*

Contenido

Agradecimientos

Gracias

A mis padres que siempre han estado ahí para mí, con su amor y su apoyo en todo lo que he hecho.

A mis hijos, Sophie y Oliver, que son las personas más maravillosas de mi universo y que continúan asombrándome cada día. Gracias por ser quienes son.

A John, quien siempre me ha apoyado al cuidar de nuestros hijos mientras yo persigo mis sueños. Gracias desde el fondo de mi corazón.

A Eelco, que me condujo a la verdad de la felicidad y me inspiró a llegar a alturas que yo pensaba que eran imposibles.

A mi hermana Caroline, que me ayuda todos los días a construir *The Change Corporation* y de quien dependo totalmente para la operación de la oficina.

A mis más queridas amigas, Karen, Maggie, Janice, Siri, Sue, Carol, Karly, Nikki y Christiene, quienes siempre están ahí para mí, en las risas y en las lágrimas.

A mis amigos David, Mike y Steve, quienes siguen dándome una perspectiva masculina del mundo.

A David Shephard, quien me mostró el camino con la PNL, y a David y Robert Smith, quienes siguen desafiándome en el programa de Maestro Capacitador de PNL.

Finalmente, a Mindy Gibbins-Klein, mi mentora en la creación de este libro; a Jane Graham Maw, mi agente, porque hizo todo posible; y a Rachel Stock y al maravilloso equipo editorial de Pearson: gracias de nuevo.

Introducción

¿Podría tu vida ser mejor?

No importa cómo hayas vivido tu vida hasta este momento. Lo que realmente importa es cuáles son tus sueños, qué anhelas para el futuro. El único momento es **ahora**. Vivir en el pasado puede frenarnos tanto, como preocuparnos por el futuro. Una vez que tomas la decisión de ir tras el cambio, éste puede ocurrir en un instante, en un abrir y cerrar de ojos o en lo que chasqueas los dedos. Piensa: empiezas a crear tu futuro tan pronto como tomas una decisión.

Siento curiosidad por saber si tu vida podría ser mejor. Para descubrirlo pregúntate lo siguiente:

- ¿Estoy obteniendo lo que quiero de la vida?   sí/no

- ¿Tengo metas para el futuro que exigen un gran esfuerzo?   sí/no

- ¿Estoy alcanzando mi pleno potencial?   sí/no

- ¿Me siento plenamente realizado con mi trabajo?   sí/no

- ¿Mi relación es como la soñé?   sí/no

- ¿Tengo suficiente dinero para hacer lo que quiero con mi vida?   sí/no

- ¿Mi vida está en equilibro?   sí/no

- ¿Estoy contento con mi cuerpo?   sí/no

- ¿Tengo suficiente energía para disfrutar mi día?   sí/no

Si contestaste "sí" a todas las preguntas probablemente estás leyendo el libro equivocado. ¡Sal y disfruta de la vida! Sin embargo, si contestaste "no" a una o más preguntas, definitivamente hay potencial para que tu vida sea diferente... y mucho mejor. Quizá justamente ahora piensas que tu vida está bien, pero aún así sientes un anhelo por algo más; ¿reconoces este sentimiento?, quizá hay un sueño que siempre has querido lograr o un área de tu vida que todavía no está bien. Así me sentía yo, quería poner mi propio negocio...

Trabajé muchos años como mentora y capacitadora para una de las empresas de consultoría más grandes del mundo; ayudaba a líderes de negocios de todo el planeta a hacer cambios positivos en sus vidas y sus compañías. Pero aun así tenía miedo de vivir mi sueño.

Después de un tiempo comencé a ver patrones en la manera en que la gente cambiaba, y descubrí personalmente que hacer cambios, incluso grandes, puede ser mucho menos aterrador de lo que se piensa. Las claves son:

- Descubre lo que te hace verdaderamente feliz: te sentirás movido a emprender alguna acción.

- Concéntrate en lo que quieres: te asombrarás de cuán rápidamente atraes esas cosas hacia ti.

- Adopta la actitud correcta para que percibas los beneficios de todas las situaciones. Nuestra vida está regida por la forma en que reaccionamos a los sucesos, no por lo que nos ocurre.

- Ve tu vida como una aventura y comenzarás a disfrutar el viaje.

Decidí ir por todo. Puse en marcha algunos pequeños pasos para seguir mi sueño y quedé atónita de lo bien que se sentía. Comencé haciendo trabajos por mi cuenta medio tiempo, luego puse mi empresa y dejé mi trabajo. En ese momento era inexplicable lo maravillosamente bien que me sentí por haber tenido el valor de tomar una decisión y de llevarla a cabo. Sabía que la vida nunca sería la misma otra vez.

Ese sentimiento es el que quiero que experimentes.

No tiene que ser iniciar tu propio negocio; quizá para ti el sueño consiste en hacer algo que siempre quisiste, encontrar el propósito y el significado de tu vida, mejorar o cambiar tu relación, mudarte a un lugar o país nuevo, llegar a lo más alto en cuestiones de dinero, perder peso, encontrar otro trabajo... ¡o todo junto!

¿Y si tus sueños se volvieran realidad?, quiero inspirarte a crear nuevas opciones para tu futuro y animarte para que tomes una decisión y hagas algo diferente. Siempre que comienzo mis programas de capacitación, narro la historia de mi material de capacitación más importante. Muestro a mis estudiantes una liga que llevo constantemente alrededor de mi muñeca y les pregunto por qué creen que es importante. ¿Tú qué crees?. La respuesta es que una liga, una vez estirada al máximo, nunca vuelve a su forma original; una vez que aprendes algo nuevo no puedes "desaprenderlo". Si lees este libro y haces sus ejercicios, te garantizo que tu vida y tú nunca volverán a ser los mismos.

Antes de que sigamos, te tengo una pregunta:

¿estás preparado para caminar hacia lo que realmente quieres en la vida?, ¿para ser la persona que mereces ser?, ¿para hacer lo que sea necesario?

Si lo estás, entonces por favor sigue leyendo y si no, entonces ten una gran vida preguntándote cómo podría haber sido.

¿Es posible lo imposible?

Es viernes y estoy en mi programa de Maestro Practicante de PNL en el hotel Hilton de Olympia, Londres. Es el día del rompimiento de tablas. Me siento increíblemente nerviosa ya que representa el momento de la verdad para mí. ¿Realmente soy capaz de ir por lo que quiero en mi vida? Creo que hoy lo descubriré y mi expectativa es enorme.

El rompimiento de tablas es una oportunidad para experimentar algo que crees que es imposible, sólo imagina por un momento que eres capaz de lograr algo que en un instante transforma tus creencias acerca de lo que es posible en tu mundo. El resultado potencial que tiene este logro en otras áreas de tu vida es increíble. Antes de que Roger Bannister corriera el primer kilómetro y medio en menos de cuatro minutos (3 min 59.4 seg), los expertos decían que el cuerpo humano literalmente se quemaría si corriera tan rápido. Un año después de su éxito, 104 personas habían logrado la misma hazaña. Éste es un ejemplo de lo que puede ocurrir cuando las creencias se transforman.

El objetivo del rompimiento de tablas es romper una tabla cuadrada de pino, de aproximadamente 30 cm de lado por 2 cm de grosor. Sé que hoy mismo voy a colocar la tabla en lo alto de dos bloques y la voy a romper sólo con mi mano utilizando velocidad, energía y concentración. Me dijeron que la tabla sólo se romperá cuando esté totalmente preparada para hacerlo, si dudo, no ocurrirá... Ya elegí la mía; lo hice al principio del día. Mientras miraba el montón de tablas apiladas en el suelo, elegí la que, literalmente, "me habló". Eso fue a las dos de la tarde y ahora son las siete. Escribí mis metas en uno de los lados, utilicé tantos dibujos como pude ya que éstos sirven como símbolos para la mente inconsciente. Luego tuve que escribir mis creencias limitantes en el otro lado; era realmente importante ser tan sincera como fuera posible acerca de éstas, porque literalmente las rompería al momento de partir la tabla.

Más tarde, al mirar mi tabla, veo mis metas mirándome fijamente con todos los colores del arco iris; aun cuando tengo un buen trabajo, mi sueño es tener mi propio negocio. Miré fijamente el dibujo que había hecho de mí misma como capacitadora en mi nueva empresa frente a una gran audiencia; ya había inventado el nombre de la compañía, que entonces formaba parte del dibujo en una pancarta frente al grupo. Cuando por un momento me concentro en ello, ¡me siento tan viva y llena de energía!, ¡se me pone la piel de gallina! No puedo recordar la última vez que me sentí tan emocionada por algo en mi vida. Luego tuve curiosidad respecto al gran corazón rojo que había dibujado para representar una relación exitosa de largo plazo en mi vida, algo que había eludido hasta ahora. Sonrío cuando miro el dibujo de mis dos hijos jugando al sol, los dibujé con palitos y sé que quiero que mi hija y mi hijo crezcan sanos, felices y exitosos, y que siempre haré todo lo que pueda para guiarlos.

Doy la vuelta a mi tabla y miro algunas de las palabras que escribí con marcador negro:

Miedo

Inseguridad

No ser lo suficientemente buena

Falta de confianza

Cuando miro fijamente estas palabras, siento un dolor agudo que da vueltas en la boca de mi estómago. Quiero romper desesperadamente estas creencias limitantes de una vez por todas. Oigo la voz de nuestro capacitador llamándonos para que volvamos a la sala después del receso de la tarde. Son las 7:15, oigo que mi corazón comienza a latir con fuerza conforme entro en ella y veo los bloques en su lugar. Éste es mi momento de la verdad: ¿lo quiero o qué?

Capítulo 1

La ciencia de la excelencia y el arte de cambiar

¿Qué puede hacer la PNL por mí?

Este libro trata acerca de cómo mejorar tu vida y cómo llevar acabo los cambios que quieres hacer, mediante las técnicas de la PNL. Comencemos con un rápido vistazo de lo que en realidad es la PNL y de dónde proviene. A principios de la década de 1970, el lingüista John Grinder y el matemático Richard Bandler estudiaron a diversos individuos que eran excelentes comunicadores, además de técnicos del cambio personal.

La pregunta que les plantearon fue: "¿Cuál es la diferencia entre alguien que simplemente es competente en una habilidad y alguien que es excelente en ella?". Las respuestas produjeron la PNL: la ciencia de la excelencia... el arte de cambiar.

Comenzaron por hacer un modelo junto con terapeutas de clase mundial. Más tarde pasaron a otros campos, entre los que incluyeron a vendedores, presentadores, capacitadores y líderes. Al estudiar y hacer modelos detallados de las creencias, comportamientos y estrategias de varios casos de excelencia, pudieron instalar esa conducta en ellos mismos. Como resultado de ese trabajo, Bandler y Grinder formalizaron sus técnicas de elaboración de modelos y sus propias contribuciones, y las agruparon bajo el nombre de Programación Neurolingüística, conocida como PNL, para simbolizar la relación entre el cerebro, el lenguaje y el cuerpo.

A diferencia de otros enfoques que dicen **qué** se necesita hacer, la PNL es una tecnología del **cómo**. Dice y muestra cómo ser lo que se quiere ser, tener lo que se quiere tener y hacer lo que se quiere hacer. Una combinación embriagadora. Esto significa que puedes tener el éxito personal que quieres justo ahora. Para la mayoría de las personas las cosas suceden y ellas reaccionan. La PNL ofrece una manera mejor; te da herramientas para que reacciones de forma diferente por medio de tu propia decisión, para que estés más consciente de tus pensamientos, sentimientos y comportamiento. Entonces estarás preparado para hacerte responsable de los resultados en todas las áreas de tu vida.

La PNL proporciona un conjunto de herramientas y técnicas que te ayudarán a tratar con los patrones de pensamiento y comportamiento que no te resultan útiles. Aunque hay muchas técnicas dentro de la PNL, puedes lograr cambios asombrosos usando sólo una. ¡Así que imagina cuánto lograrás leyendo este libro! Examinemos una por una cada parte de la PNL y te explicaré de qué se trata.

Programación

La programación es todo lo que **hacemos**.

Todos ejecutamos programas en nuestra mente todo el tiempo. Estos programas, patrones de comportamiento y estrategias, dirigen la forma en que nos comportamos, nuestro desempeño y, finalmente, nuestros resultados. Una fobia es un buen ejemplo de cómo funciona el cerebro. Una situación particular o disparador —como volar— produce una fuerte respuesta física (sudor en la palma de las manos, respiración agitada, pánico, etcétera). El cerebro aprende rápidamente y, a partir de entonces, cada vez que la persona recibe el mismo estímulo, su cuerpo sabe que debe tener la misma respuesta. Lo asombroso es que las personas con fobias **nunca** olvidan actuar de la misma forma. ¡Esta es la estrategia perfecta de aprendizaje a la primera! A menudo, como con las fobias, llevas a cabo estrategias que no resultan útiles y que incluso te sabotean. La PNL nos enseña cómo cambiar para siempre estas estrategias o programas ineficaces. Resumiendo, la PNL simboliza la relación entre el cerebro, el lenguaje y el cuerpo. Describe cómo lo que decimos, pensamos y hacemos, interacciona y afecta a nuestro cuerpo, nuestro comportamiento y nuestros resultados.

Neuro

Lo neuro trata de todo lo que **pensamos**, es decir, de nuestros pensamientos; *neuro* significa "lo que pasa dentro de nuestra cabeza". Tenemos más de 60 mil pensamientos por día y éstos forman nuestro mundo interno de imágenes, sonidos y sentimientos. Son esas conversaciones, diálogos y argumentos que tenemos con nosotros mismos en nuestro proceso de pensamiento lo que nos conduce a la forma en que sentimos, el humor que tenemos y, en última instancia, a cómo respondemos a los acontecimientos. En términos de la PNL se llaman *representaciones internas*; por ejemplo, si abres las cortinas en un triste día lluvioso, como consecuencia puedes sentirte fatal y esto determinará cómo transcurrirá tu día. Por el contrario, puedes abrir las cortinas y pensar "¡Es un magnífico día lluvioso!" y salir a divertirte. Otro ejemplo sería si estás preparándote para una importante cita —quizá con quien puede ser tu próxima pareja—, estás emocionado y concentrado en que la tarde transcurrirá bien y en cómo te sentirás cuando termine. Esto repercutirá directamente en el éxito de la velada.

El punto crítico que hay que tener en cuenta es que podemos controlar nuestros pensamientos. Esto es muy importante porque cómo nos sentimos, nos comportamos y, finalmente, los resultados que obtenemos, son consecuencias de las combinaciones de estas representaciones internas que forman nuestros patrones repetitivos o hábitos. Repetimos estos patrones o hábitos una y otra vez a menos que los interrumpamos o los dirijamos en otro sentido. Algunas veces estos patrones nos resultan útiles pero, a menudo, sabotean nuestro posible éxito. ¡El truco es asegurarse que los 60 mil pensamientos que se tienen cada día sean buenos! Calcula por ti mismo qué porcentaje de tus pensamientos ayudan a lograr lo que quieres y qué porcentaje está, de alguna manera, impidiéndolo.

Lingüística

La lingüística trata de todo lo que **decimos**, tanto de forma verbal como no verbal. El lenguaje determina cómo nos comunicamos con otras personas y con nosotros mismos. Es cómo etiquetamos nuestras experiencias y mucho más. Un lenguaje motivador genera un comportamiento de fortaleza. De igual manera, un lenguaje negativo —como las excusas— da como resultado pensamientos que desaniman. A menudo utilizamos este último sin darnos cuenta. Es el lenguaje negativo el que limita nuestras posibilidades.

Se estima que 93% de la comunicación es no verbal. Esto significa que la forma de decir lo que se dice (entonación, volumen, velocidad, etcétera), lleva cinco veces más información que las palabras que se pronuncian. Y la manera en que se usa el cuerpo (gestos, expresión facial, postura) influye aún más. A medida que tus pensamientos y sentimientos literalmente se filtran fuera de tu cuerpo, considera lo que dicen de ti. ¿Dan la imagen de una baja autoestima o de alguien que tiene confianza y sabe lo que quiere?

Aplicaciones de la PNL

Con la PNL puedes aprender cómo estar a cargo de tu estado físico y mental, crear la relación perfecta, lograr el éxito en tu carrera y negocio, hacer más dinero, aumentar tu motivación, impulsar tu confianza y comunicarte eficazmente para producir el tipo de resultados que quieres. Una de las mejores cosas respecto a la PNL es que fue diseñada para aprenderse fácilmente y puede aplicarse en cualquier situación personal o profesional.

La PNL puede ayudarte a:

• levantar tu baja autoestima,
• sentirte más feliz,
• eliminar la ansiedad de tu vida,
• liberarte de los malos hábitos,
• perder peso y mantenerte en el peso ideal,
• salir de deudas,
• resolver lo que quieras en todas las áreas de tu vida,
• encontrar la pareja o la carrera profesional perfecta para ti,
• comunicarte mejor,
• aprender más rápido,
• alcanzar tu mejor desempeño deportivo,
• hacer entender eficazmente tus mensajes.

Sólo imagina por un momento lo que la PNL puede hacer por ti.

Ahora experimenta la magia

Aquí hay un par de ejercicios rápidos que te ayudarán a cambiar en un instante cómo te sientes.

Los nervios

Se avecina algo que te tiene nervioso. Cuando pienses en esa situación, al mirar a través de tus ojos, visualiza las imágenes, sonidos y sentimientos que están asociados con ella. Ahora echa para atrás tu cuerpo de tal forma que puedas visualizarte en la imagen. Mientras te observas a ti mismo, fíjate cómo tus sentimientos ya cambiaron. Aumenta la distancia entre tú y la imagen y te sentirás aún más tranquilo.

¿Cómo te fue? Fácil, ¿verdad?

Dejar las cosas para más tarde

¿Alguna vez has dejado para después alguna tarea o situación en particular? Todos lo hacemos de vez en cuando. Cuando piensas en algo que has dejado para después, ¿lo visualizas de alguna manera? Al decir visualizar no me refiero a una imagen clara como la de una fotografía. Me refiero a una sensación de ese pensamiento localizado en alguna dirección en relación con tu cuerpo. Así que, si te pregunto dónde está la imagen, ¿en qué dirección señalarías? Puedes señalar frente a ti, a un lado o detrás. Cualquier ubicación es perfecta. Aclara la pantalla y la imagen. Ahora piensa en algo que te motive. Cuando piensas en ello, ¿tienes alguna imagen diferente? ¿Cuál es la ubicación de esa imagen? Observa que es diferente de la primera. Aclara la pantalla y la imagen. Aquí va. Regresa a la imagen de la situación que dejaste para después y muévela a la misma posición de lo que te estimula. Observa lo que ocurre. Inmediatamente te sientes más animado a hacer la tarea que habías decidido postergar. Eso también fue fácil, ¿verdad? ¡Siempre uso esta técnica para motivarme cuando es hora de la limpieza de los armarios de mi casa!

Este ejercicio demuestra que la PNL es divertida y que proporciona resultados rápidos, proporciona un manual de instrucciones para nuestro cerebro.

Cómo se utiliza la PNL en este libro

En este libro aprenderás y aplicarás muchas de las herramientas y técnicas que ofrece la PNL como:

- entender los secretos del éxito,
- fijar metas convincentes que te motiven a lograrlas,
- entender lo que te estimula,
- enfocar tu esfuerzo en lo que quieres para atraerlo hacia ti,
- aceptar la responsabilidad personal de los cambios que quieres crear,
- generar creencias positivas y animadoras sobre ti mismo,
- cambiar tus sentimientos y pensamientos en un instante,
- retomar viejas ideas,
- controlar tu tiempo,
- maximizar tu energía y poder personal,
- utilizar la retroalimentación para pasar al siguiente nivel,
- desarrollar tu capacidad de recuperación personal,
- aprender de tus experiencias,
- hacer modelos de los excelentes resultados de los demás,
- finalmente, ir plenamente por tus metas.

Muchas de estas herramientas y técnicas provienen de la PNL tradicional y otras las he adaptado para la realidad actual. Sé que este libro cambiará tu vida. ¿Estás listo para el viaje?

Consejo: Si haces lo que siempre has hecho, ¡obtendrás lo que siempre has obtenido! El mensaje es claro: si lo que estás haciendo no funciona, haz algo diferente.

Capítulo

2

"Uno nunca puede aceptar arrastrarse
cuando siente el impulso de volar."

Helen Keller

¿Estás en la zona gris?

Como asesora de negocios, aprendí que es importante empezar un proyecto de cambio con una medida o puntos de referencia de cómo una empresa se desempeña en ese momento. Si no sabes desde dónde empiezas, es más difícil saber hacia dónde te mueves. Con esto en mente, te invito a completar el siguiente cuestionario para descubrir dónde estás justo ahora en tu vida. Sé sincero contigo mismo.

El cuestionario de descubrimiento personal

1. Cuando te levantas por la mañana, tú:

    a. Saltas de la cama emocionado por lo que te espera en el día.

    b. Te arrastras como puedes fuera del edredón.

    c. Te sientes exhausto como si no hubieras dormido bien.

2. Cuando tus amigos te preguntan cómo estás, tú contestas:

    a. "Totalmente radiante."

    b. "No puedo quejarme."

    c. "Ni preguntes."

3. Cuando consideras tus metas para el futuro, tú:

    a. Te sientes realmente motivado.

    b. Piensas: "¿qué metas?".

    c. Te quedas en blanco, piensas que superar el día de hoy ya es bastante lucha.

4. Tu mejor amigo o amiga te dice que vayan de vacaciones a algún lugar exótico. Tú:

    a. Dices que sí inmediatamente.

    b. Entras en pánico porque no quieres salir al extranjero.

    c. Dices "no" porque estás demasiado ocupado en pagar tus deudas en ese momento.

5. ¿Cuándo tomaste por última vez un tiempo para desarrollarte?

    a. El mes pasado.

    b. No puedo acordarme.

    c. Piensas: "¿a qué te refieres?".

6. Surge la oportunidad de un ascenso. Tú:

    a. Te resistes al cambio.

    b. Te dices que nunca vas a conseguirlo.

    c. Te comportas como una ostra ya que no te molestas ni en pensar en ello.

Suma el número de veces que elegiste cada letra y revisa a continuación los resultados sugeridos acerca de ti:

Mayoría de A: ¡felicidades!, estás moviéndote en dirección a la **zona brillante,** donde la vida es increíble; te mostraré cómo puede ser todavía mejor.

Mayoría de B: aunque todavía no te hayas dado cuenta, estás firmemente metido en la **zona gris;** es hora de trabajar en lo que realmente quieres.

Mayoría de C: imagino que en estos momentos tu vida se siente como una pesada losa. ¿Cuándo se pondrá lo suficientemente mal para que quieras hacer cambios y así salir de la **zona horrible?**

La zona brillante

"Cada día trae una oportunidad para que salgas a respirar, te quites los zapatos y te pongas a bailar."

Oprah Winfrey

La zona brillante es conserje de nuestros sueños. Sabes cuando estás dirigiéndote ahí porque te sientes emocionado, motivado, exultante y te pones a prueba hasta el límite. Estos son nuestros momentos de **experiencia óptima.** En mi experiencia, el viaje hacia la zona brillante no se trata de momentos pasivos o receptivos de relajación, aunque esas experiencias son magníficas si hemos trabajado duro para lograrlas. En su lugar, los mejores momentos del viaje a la zona brillante ocurren cuando nuestro cuerpo y nuestra mente se ponen a prueba para llegar hasta sus límites, con el fin de lograr algo difícil que merece la pena. La diferencia es que nosotros **hacemos** que las experiencias hacia la zona brillante ocurran.

Los que tienen el valor se mueven de la zona gris a la zona brillante, y cualquiera puede lograrlo; de hecho, ya es demasiado tarde para ti porque ahora sabes que la zona brillante existe y que es posible llegar allí. ¿Qué hace la diferencia?. Aquellos que salen son las personas con un sueño motivado por el futuro. Están totalmente enfocados en su sueño y el fracaso no es una opción. Nunca dicen "no puedo". En lugar de eso dicen: "¡por qué no!". Probablemente se te ocurren algunas personas que tienen esta filosofía en la vida.

¿Puedes o no puedes?

El fundador de Virgin, Richard Branson, no cree que dos pequeñas palabras como "no puedo" deban detenerte. Él tuvo una gran maestra. Su madre quería ser piloto durante la guerra y le dijeron que sólo los hombres podían serlo; a pesar de ser muy atractiva, se puso una chamarra de cuero como la que usaban los pilotos y ocultó su cabello rubio bajo un casco de cuero. Empezó a hablar con voz profunda para practicar, y obtuvo el trabajo que quería. Después de la guerra, quiso ser azafata. Para esto tenía que hablar español y tener estudios de enfermería. La mamá de Branson coqueteó con el vigilante nocturno de la línea aérea y logró anotar en secreto su nombre en la lista; poco después era azafata de vuelo. Todavía no hablaba español y no era enfermera, pero utilizó su determinación y su valor. Cuando Branson tenía sólo cuatro años de edad, su madre solía detener el automóvil a unas cuantas millas de su casa y decirle a su hijo que bajara y encontrara solo el camino a casa, a través del campo; lo hacía como un juego, aunque uno que sería improbable en estos días, y él estaba contento de jugarlo. Cuando creció, los retos se hicieron más difíciles. Su madre siempre lo impulsaba a hacer su mejor esfuerzo y a perseguir sus sueños. Branson dice que el trabajo duro y la diversión eran las características de su familia.

Yo pasé muchos años en la zona gris, aunque a otros pudiera parecerles que yo tenía el trabajo perfecto. El puesto no era horrible, de hecho estaba bien pagado y viajaba por todo el mundo; aún así no era lo que yo soñaba, las horas eran muchas y el cada vez mayor tiempo que pasaba fuera de casa implicaba alejarme de mi esposo y mis hijos pequeños. Me sentía fuera de control, estaba firmemente adherida a la zona gris.

Luego, hace 10 años, ocurrió algo que cambió mi vida y comenzó a moverme hacia la zona brillante: tomé mi primer curso de PNL, y me dejó sin aliento. Al final del curso yo tenía metas por primera vez en mi vida, me sentía motivada, creía que tenía posibilidades y quería descubrir lo que realmente era capaz de lograr.

Una vez que aprendes algo no puedes desaprenderlo

Sabía que mi vida y mi modelo del mundo nunca serían los mismos otra vez. Cuando regresé al trabajo comencé a desarrollar el sueño de tener mi propia empresa y a trabajar en una estrategia para obtener financiamiento y así tomar mi próximo curso de PNL. Esto es algo que sólo se aprende con la PNL: la mayoría de las personas exitosas siempre piensan en la meta subsecuente. Al año siguiente hice mi curso de *Maestro Practicante* y más tarde el curso de capacitador. En ese momento todo quedó en su lugar.

Una de las razones por las que las personas están cómodas en la zona gris, es por que no saben que la zona brillante existe, pues nunca han estado en ella. Al final de mi curso de capacitador supe que la zona brillante existía; era demasiado tarde para mí pues ya no podría desaprenderlo. Tuve la determinación de llegar y quedarme allí. La emoción que experimenté cuando empecé a desarrollar el plan para mi negocio no era nada de lo que había experimentado antes. Me sentía viva por primera vez en años, quizá por primera vez en mi vida adulta. Me divertía levantarme por la mañana e ir a trabajar, ya que cada día me acercaba más a mi meta. Diario me preguntaba qué había logrado ese día que me hubiera acercado más a mi meta.

Actuar "como si"

Me preguntaba cómo llegaría a saber lo suficiente para dirigir mi propio negocio. Durante mi capacitación en PNL me topé con "el principio de Heisenberg", que establece que no existe cien por ciento de certidumbre. Las personas de éxito toman riesgos porque aceptan que nunca sabrán todo lo que necesitan saber. Pero actúan "como si" supieran y se zambullen. El viaje es emocionante, esa es la cuestión. Así es como va a ser para ti cuando te acerques a la zona brillante.

Rebecca. Vivir la vida de sus sueños

De todos los clientes que he tenido en el transcurso de los años, Rebecca sabía exactamente lo que quería; se fijó como meta dirigir su propio negocio y comenzar una nueva relación. Deseaba establecer su propia empresa de diseño gráfico; sin embargo, sabía muy poco de negocios. Estudió el modelo de una serie de empresarios muy exitosos para descubrir qué había hecho de sus negocios un éxito. Cambió sus habilidades de diseño por algo de su tiempo y valiosa experiencia. Su visión y enfoque eran tan claros que rápidamente comenzó a tener clientes. Tres años después, dirigía una empresa de asesoría de marcas muy conocida que trabaja con las corporaciones más importantes. En cuanto a su nueva relación, dejó libre una parte de su armario para la ropa de su futuro compañero y de antemano comenzó a dormir de "su" lado de la cama; atrajo a un hombre que la adora y que también le ayuda a desarrollar su empresa.

La zona gris

"Las personas a menudo terminan sintiendo que han desperdiciado su vida, que en lugar de estar llenas de felicidad, sus años se gastaron en ansiedad y aburrimiento."

Mihaly Csikszentmihalyi

Describo la zona gris como ese lugar donde mucha gente pasa toda su vida, no es horrible pero ciertamente no es brillante. Está bien y es el lugar donde los individuos se preparan para cambiar sus sueños por una existencia cómoda. ¡Qué pérdida de vida! A menudo las personas están felices en la zona gris, pero es porque no conocen otra forma de vida. En los años que he dedicado a dar entrenamiento y capacitar a mucha gente, me he dado cuenta de que la mayoría de la población se pone cómoda en la segunda mejor posibilidad porque no tiene el valor de hacer nada para cambiar su situación. Aquí hay un dicho: "Si haces lo que siempre has hecho, obtendrás lo que siempre has obtenido". Este es el mantra de quienes viven su vida en la zona gris. La vida en esta zona se siente familiar, cómoda, poco satisfactoria y **atascada**; quienes están ahí sienten que no tienen más posibilidad que seguir donde están.

Con los años yo también he recibido muchas excusas —lo siento, ¡razones!— de mis clientes para permanecer en la zona gris. Estas son las más comunes:

"No soy lo suficientemente bueno para conseguir lo que quiero."

"No puedo arriesgarme a dejar un buen sueldo."

"No voy a conseguir otro trabajo tan fácilmente."

"Es demasiado tarde para mí para cambiar ahora."

"Nadie va a escucharme."

"Es mejor estar con mi socio que instalarme por mi cuenta."

¿Alguna te resulta conocida? Sé sincero contigo mismo.

Paul. Anteponer la responsabilidad a la felicidad en la consecución de una ambición

Me encontré un viejo amigo que acababa de jubilarse después de haber dedicado toda su vida al negocio de los seguros. Cuando lo felicité por los 40 años que había pasado dedicando su vida a la misma empresa, observé que dudaba ligeramente, ya que desvió su mirada por un momento. Cuando sus ojos volvieron a mirarme vi lo que sólo podría describirse como una mirada de disgusto mientras me decía que nunca había tenido la intención de estar en ese trabajo por tanto tiempo. Había sido su padre en un principio quien lo había animado a entrar en el negocio de los seguros, porque se veía como un trabajo "estable". Por otra parte, él nunca disfrutó el área de ventas porque era una persona tímida y reservada. Me cuestioné por qué nunca buscó un trabajo que fuera más acorde con él y le pregunté qué era lo que le había impedido cambiar de profesión una vez que descubrió que los seguros no eran para él. Dudó incómodo antes de contestarme que había tenido demasiadas responsabilidades en su vida para poder hacer lo que realmente quería. Le pregunté si había dicho a su familia lo que en realidad sentía por su trabajo en la aseguradora; replicó que había guardado sus sueños para sí mismo y que cada año había salido a trabajar lo más alegremente posible. Tuve un sentimiento de pérdida y desperdicio por su comportamiento mientras me alejaba por la calle.

Paul había pasado su carrera plantado en la zona gris; ¿puedes imaginar lo que sería eso? Me pregunto hasta qué grado tu trabajo está ayudándote a lograr tu potencial. ¿Te levantas por las mañanas lleno de energía y dispuesto a comenzar o quieres darte la vuelta, taparte con el edredón y gemir? ¿Estás dirigiéndote a una experiencia como la de Paul? Sé sincero contigo mismo.

La zona horrible

"Al cambiar lo que vinculamos con el dolor y el placer, cambiaremos instantáneamente nuestro comportamiento."

Tony Robbins

Si el dolor de la vida en la zona gris se hace demasiado grande, las personas pasan a la zona horrible. Esto se experimenta a menudo cuando sucede algo que cambia la vida y que hace que el equilibrio y el malestar de la zona gris se vea interrumpido; por ejemplo, la muerte de un ser querido, el brote de una enfermedad grave, el divorcio, etcétera.

¿Por qué algunas personas pueden experimentar dolor y aún así no intentan cambiar? En mi experiencia esto sucede porque todavía no han sufrido suficiente dolor. Cada uno de nosotros tiene un umbral de dolor y una vez que se cruza ese umbral sucede el cambio. El umbral es diferente para cada quien, por eso, dos soldados que regresan del servicio activo pueden responder de manera diferente a sus experiencias: uno puede continuar con su vida como si nada hubiera pasado y el otro puede sufrir alguna enfermedad postraumática. La zona horrible es el punto donde no hay retorno. Éste es el lugar donde el dolor se hace tan grande que, al final, te pones en acción. En este punto (aunque es extraño describirlo así) el dolor te hace un favor y te impulsa a tomar acciones y producir resultados diferentes. Este es el terreno de la zona horrible.

Kay. Afrontar las circunstancias más retadoras de su vida

Kay trabajó en el gobierno local durante 20 años. Era una gerente de tercera en un ajetreado departamento de servicios sociales de Londres. Cuando surgió la oportunidad, decidió no postularse para un ascenso al puesto de asistente de dirección que estaba vacante, ya que no hacía mucho que había tenido a su hijo. Su nuevo jefe era perezoso e incompetente para el puesto; esto tuvo un efecto doble en ella, ya que él le delegaba muchas responsabilidades y además tenía que recomponer los errores cuando él no hacía su trabajo adecuadamente. Pronto se sintió sumamente infeliz, estaba en la zona gris, ya que había trabajado para esta organización toda su vida laboral y no conocía nada más, por eso se sentía demasiado asustada para hacer algo nuevo.

Luego ocurrió un suceso en su vida que la arrastró a la zona horrible; a su cuñado le diagnosticaron un tumor cerebral inoperable. Había estado casado con su hermana durante 20 años y aunque siempre habían pensado que algún día tendrían niños, llegaron a la conclusión de que era difícil que eso ocurriera ahora. Imagina qué felices se sintieron cuando la esposa descubrió que estaba embarazada; eso fue cinco meses antes de que diagnosticaran al esposo; el embarazo entró en riesgo ante la esperanza de recibir una nueva vida y perder otra al mismo tiempo. Al final él se deterioró rápidamente y murió una semana después de que naciera su hija. Fue como si hubiera aguantado lo suficiente para poder abrazar a su pequeña y luego llegó el momento de partir.

La importancia de este acontecimiento en Kay cambió su vida. Para ella, estar con su hermana y su cuñado durante estas trágicas circunstancias fue su punto de no regreso. Decidió tomar medidas y tomó la cuestión formalmente. A pesar de su lealtad de servicio y su muy conocida capacidad para dar buenos resultados, la autoridad no pudo manejar la situación. Decidió que la vida era demasiado corta para pasar un minuto más en un trabajo que le causaba tanta infelicidad y, finalmente, lo dejó.

Decidió establecer su propia empresa donde ella pudiera controlar su universo y su vida. Comenzó a mejorar inmediatamente.

Una de las preguntas importantes para ti es ¿cuándo es suficiente el dolor? ¿Quieres voltear y contemplar tu vida lleno de arrepentimiento? Lo bueno es que nunca es demasiado tarde para cambiar.

Los ejercicios

Los ejercicios son una *parte vital* de este libro. Están diseñados específicamente para ayudarte a integrar fácilmente todo lo que aprenderás. Te animo a resolverlos de forma tan completa como te sea posible, ya que literalmente te pasarán al siguiente nivel. Puedes completarlos en el libro o, si lo prefieres, copiarlos en un cuaderno o diario. Este y los siguientes capítulos tienen una serie de ejercicios esenciales para reforzar el aprendizaje.

Hay tres formas en las que las personas pueden aprender: en la primera, puedes descubrir que disfrutas leer este libro y usar los ejercicios para descubrir nuevas cosas sobre ti. Es una aventura agradable. Saboreas las nuevas oportunidades de cambiar tu vida a medida que cobras velocidad y logras confianza en cada capítulo. Esta es la mejor manera de experimentar este viaje.

En la segunda, puedes poner cierta resistencia a lo que aprendes acerca de ti mismo. A veces puedes sentirte incómodo a medida que eres cada vez más sincero contigo mismo acerca de dónde estás y cómo te sientes al respecto. ¡Bien! Cuando sientes resistencia sabes que estás a punto de experimentar una gran oportunidad de aprendizaje. Es incluso más importante en estos momentos seguir con los ejercicios y aprender para ti mismo. Será en uno de esos momentos específicos cuando descubrirás el mensaje personal más importante para ti que contiene este libro.

En la tercera, incluso puedes sentir dolor cuando descubras qué tan estancado has estado en tu vida pasada, bien sea que hayan sido tu trabajo, relación, salud o bienestar los que hayan sufrido. En estos momentos, tienes la oportunidad de tomar medidas y comenzar tu viaje. Te ayudaré y te felicitaré por tener las agallas de enfrentar lo que sea que pase. Estos son momentos de decisión para ti, cuando existe la oportunidad de cambiar tu futuro. El mañana no tiene que ser lo mismo que ha sido, siempre hay una ocasión para cambiar. Recuérdalo.

Ejercicio 1

¿Dónde estoy en las coordenadas de la vida?

Mientras lees acerca de las tres zonas y las historias de las personas que hay en ellas, me pregunto dónde estás ahora. ¿Quieres descubrirlo? ¿Estás listo? Respira, busca una pluma y da el primer paso de tu viaje hacia la zona brillante.

Toma en cuenta tus respuestas al primer cuestionario de este capítulo, marca dónde crees que estás en las coordenadas de la vida que se representan a continuación. Sé sincero contigo mismo. ¿Estás más cerca de la zona horrible o de la zona brillante?

Cuando observas la coordenada, ¿te sorprende ver dónde acabaste? Ahora que estás más consciente de cómo se ve tu vida, consideremos cómo puedes empezar a dar los primeros pasos hacia la zona brillante.

ZONA BRILLANTE

ZONA GRIS

ZONA HORRIBLE

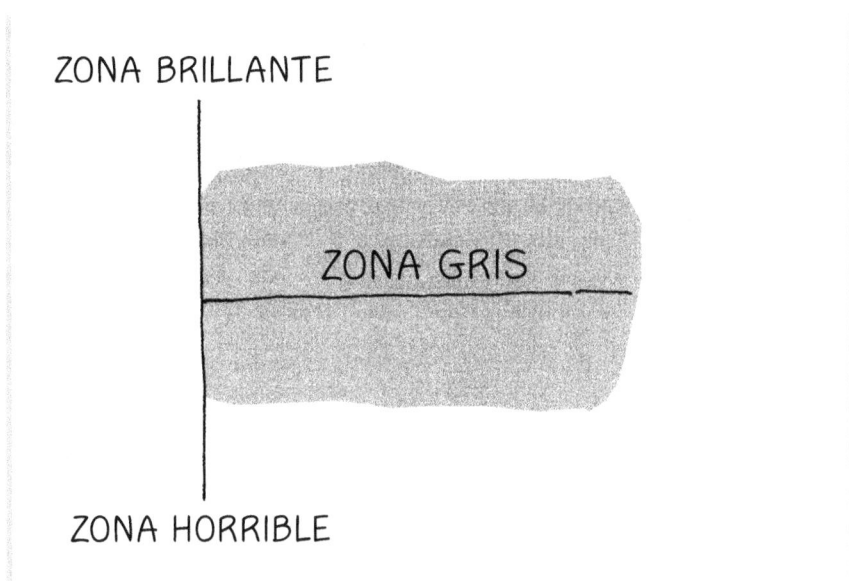

¿Cómo salir de la zona gris?

¿Por qué las personas permanecen en la zona gris? En los ejemplos que he analizado, la misma razón mantuvo a todos allí: el **miedo**. Nos asusta movernos hacia lo desconocido, hacer algo diferente. El miedo proviene de las creencias limitantes que tenemos acerca de nosotros mismos y de nuestras capacidades. De hecho, las consecuencias de que hagamos un cambio con frecuencia se desarrollan en nuestra mente, para implicar algo mucho peor de lo que es en realidad la situación. El miedo incluye:

Falsa
Evidencia de
Apariencia
Real

Nuestra mente es brillante a la hora de crear el peor escenario posible en nuestra cabeza, y luego empezamos a enfocarnos en ese escenario como si fuera nuestra realidad; pronto olvidamos que no es verdad, hacemos enormes suposiciones respecto a lo que puede ser cierto o no, basados en nuestro sistema de creencias. ¿Y qué crees?, éstas son generalizaciones que nosotros aprobamos y que llevan a cabo aquellos que nos influyeron en nuestros primeros años de vida; no son auténticas, la realidad sería muy diferente si estuviéramos preparados para descubrir y empezar el viaje.

Se necesitan una o dos cosas para sacar a alguien de la zona gris. O bien se tiene una meta tan motivadora que se asuma el riesgo de ir por ella, o por el contrario, el dolor llega a ser tan grande que finalmente uno se inclina por seguir el borde del cambio.

Cuál nos influya depende de la forma en que estemos motivados. En la PNL decimos que las personas van *hacia* la motivación o se *alejan* de ella. Piensa en ello, ¿te alejas de lo que no quieres o te acercas a lo que quieres?, ¿eres una persona "barra" o una persona "loro"?. Por ejemplo, si quieres perder peso, ¿te mueves hacia el objetivo de ser esbelto y saludable y tienes de ti una imagen mental motivadora?, o ¿te alejas de ser grueso y te enfocas en tu imagen con sobrepeso?

Apegándose a tus resultados

Una de las limitaciones de la motivación de *alejamiento* es que a menudo disminuye las mejoras de corto plazo que logramos. Por ejemplo, los propósitos de año nuevo de mucha gente —aunque no se de cuenta— tratan acerca de salir de la zona gris o incluso de la zona horrible. Comienzan bien, toman medidas y antes de que pase mucho tiempo, están moviéndose en la dirección correcta. Cuando empiezan a darse cuenta de que están haciendo importantes avances en su vida, vuelven a la zona de comodidad; como por arte de magia, su motivación se evapora y sus acciones acaban en nada. De hecho, el peor escenario es que empiezan a regresar a la zona horrible cuando el dolor comienza a aumentar otra vez. Ésta es la razón por la que tantas dietas no funcionan, tan pronto como la persona alcanza el peso deseado se siente cómoda otra vez y se ve tentada a volver a los viejos hábitos. La alternativa es pasar hacia un estilo de vida sano donde el ejercicio llegue a ser parte de una forma de vida.

Ejercicio 2

¿Me acerco o me alejo de la motivación?

Hazte la siguiente pregunta y escribe tu respuesta a continuación.

"¿Qué quiero en mi trabajo ideal?"

• ....

....

• ....

....

• ....

....

Observa cómo tu respuesta comienza con lo que no quieres en lugar de lo que sí quieres; si en la mayoría de tus respuestas te enfocas en lo que no quieres, estás alejándote de la motivación; por ejemplo: "no quiero que crean que no puedo hacer nada por mí mismo". Si tus respuestas se enfocan más en lo que quieres estás acercándote a la motivación. Por ejemplo, "quiero que mi trabajo me emocione". Uno podría haber dicho algo como: "no quiero aburrirme" (alejamiento) como opuesto a "quiero tener la oportunidad de viajar" (acercamiento).

Ahora considera lo que necesitarías para salir de la zona gris y escribe tus respuestas a continuación.

Observa una vez más si te acercas o te alejas de la motivación.

Ahora, escribe sinceramente qué te ha impedido hasta ahora salir de la zona gris.

La buena noticia es que siempre tienes otras opciones, aun si no parece que sean las adecuadas en ese momento. Si crees que no tienes otras alternativas ahora, quiero que imagines que sí las tienes, especialmente cuando completes el Ejercicio 3. Creo que mi trabajo es dar a las personas más oportunidades acerca de lo que pueden lograr en su vida.

Ejercicio 3

¿Qué haría si supiera que no puedo fallar?

Quiero que sueñes por un momento. Piensa en lo que cambiarías de tu vida si yo te garantizara que no es posible que fracases; cualquier cosa. Escribe tus respuestas a continuación.

- ....
  ....
- ....
  ....
- ....
  ....
- ....
  ....

- ....
  ....
- ....
  ....

Ahora echa otro vistazo a tu lista y asegúrate de que realmente te fijaste retos. Este es el momento en que puedes soñar.

Disfruta realmente la anticipación de lograr esas cosas en el futuro, a medida que pasas al siguiente capítulo.

Consejo: Si todavía te sientes reacio a salir de la zona gris, imagina que adelantas el tiempo 10 años, que todavía no has logrado lo que realmente quieres y eres 10 años más viejo. ¿Qué tan frustrado te sentirías?. Da el primer paso, tú sabes qué quieres.

Capítulo

3

"Las personas no son perezosas. Simplemente tienen metas impotentes, esto es, metas que no les inspiran."

Tony Robbins

¿Qué harías si supieras que no puedes fallar?

¿Porqué soñar?

Thomas Edison es un gran ejemplo de un hombre enfocado a un sueño. Fue uno de los inventores más prolíficos de nuestra época. Edison es más conocido por haber inventado la bombilla eléctrica, patentada en 1880. Sin embargo, lo que realmente me interesa es su enfoque y determinación para lograr su sueño. Afortunadamente para nosotros, no cedió en su sueño después de haber fracasado en sus primeros intentos por inventar la bombilla. En el periodo de 1878 a 1880, Edison y sus asociados trabajaron en al menos 3 mil teorías diferentes para desarrollar una lámpara incandescente eficiente. Él pensaba que cada intento fallido los acercaba un paso más a la solución; para él sólo se trataba de retroalimentación respecto a cómo no hacerlo la siguiente vez. Desde ese momento, su sueño ha repercutido en cada hogar. Una de las citas más inspiradoras que he leído en todos estos años, y que uso regularmente en mi curso de capacitación, es de Edison:

> "No me desanimo, porque cada intento fracasado que se descarta es otro paso hacia adelante."

A menudo reflejo esto cuando mis ideas no corresponden totalmente con lo planeado.

Me llena de curiosidad saber cómo acabarás este capítulo. ¿Qué cosas dijiste que harías si supieras que no puedes fracasar? Sugiero que las veas como tus sueños personales. ¿Te sorprende alguna de las cosas que escribiste?

Karen. Un futuro prometedor

Una de mis clientes no se sentía totalmente satisfecha con su trabajo y estaba cada vez más inquieta. Me pidió que la ayudara a descubrir qué era lo que realmente quería. Se sorprendió oírse a ella misma diciendo, cuando le pregunté qué es lo que haría si no pudiera fracasar, que "abriría una floristería". Desde entonces trabaja medio tiempo en su antiguo empleo y los fines de semana en una reconocida floristería de Londres para aprender el negocio.

¿Qué pasaría si tus sueños se convirtieran en tus metas para el futuro? Goethe dijo que un sueño es un sentimiento de primera plana de algo que ocurrirá. Creo que cualquier sueño puede llegar a ser un objetivo cuando se tiene un plan y se pasa a la acción. A fin de cuentas, ¿cuál es el propósito de un sueño si nunca se emprenden acciones? Nos quedamos en la zona gris preguntándonos siempre qué podría haber sido. En lugar de eso, pregúntate cuáles son las metas que te obligan a superarte para el futuro, y realmente me refiero a metas que te obliguen darlo todo.

Platón dijo una vez que el principio es la parte más importante de cualquier trabajo. Aquí es donde entra el tener metas; una investigación sugiere que la capacidad de las personas de recurrir a su poder personal se ve directamente afectada por sus metas. Este es el poder de establecer las metas.

¿Qué es una meta?

"Si un hombre no sabe qué puerto busca, cualquier viento es bueno."

Séneca

Una meta es algo que quieres y que es muy importante para ti. La primera regla para lograr tu meta es que debe motivarte, tienes que saber por qué tu meta es importante para ti o de otra manera no estarás motivado para realmente ir por ella. Ten cuidado, porque si fijas metas personales que en realidad no quieres lograr, quizá se deba a que son las de otra persona y puedes terminar con una vida que no quieres. He sido mentora de muchas personas que se sorprenden cuando descubren que han estado viviendo la meta de sus padres o de su pareja. De hecho, yo fui una de ellas. En *Los 7 hábitos de la gente altamente efectiva*, Stephen Covey compara esto con apoyar tu escalera contra la pared equivocada; podrías esforzarte durante años para lograr una meta, subiendo cada vez más por la escalera, pero cuando finalmente llegas arriba y ves alrededor, de repente te das cuenta que estás en un lugar en el que realmente nunca quisiste estar.

Incluso puedes darte cuenta en este momento que tu vida ha sido apoyar las metas de otros; es frecuente que las mujeres en particular concentren sus energías en apoyar a sus hijos o a su pareja. El problema es cuando voltean un día y sus hijos ya han crecido y dejado el hogar o su pareja sigue adelante y ellas se quedan con un vacío en donde debería estar su futuro. Ahora es el momento de considerar lo que realmente quieres para ti misma.

Mi madre siempre me enseñó la importancia de una buena educación y de una carrera profesional, y se lo agradezco. Solía decirme que tuve la oportunidad de experimentar lo que ella se había perdido, todavía cuenta las historias de cuando tenía que sacarme de mi cuarto para que dejara de hacer mis tareas escolares y bajara a ver un poco la televisión antes de acostarme; me encantaba ir bien en la escuela porque con ello obtenía la máxima atención de mis padres. Mi madre es una mujer muy inteligente, fue la primera de la familia en asistir a la escuela secundaria y siempre salió excelentemente en todos sus exámenes. Lo que más ansiaba era ir a la universidad, pero no pudo porque mis abuelos no tenían posibilidades económicas para ello. En lugar de eso fue a la escuela secretarial, que le garantizaba una vida de ayuda a otros. Mi padre era mecánico y mi madre siempre tuvo grandes metas para él; sin embargo, él es un hombre honesto y sin pretensiones, y se contentaba con permanecer tranquilamente en segundo plano sustentando a su familia. Nunca compartió las ambiciones que ella tenía de que él tuviera su propio taller mecánico. Después de muchos años de desilusiones, mi madre volcó su atención hacia mí. No creo que lo hiciera conscientemente, pero su actitud y comportamiento hacia mí tuvieron consecuencias en mis primeros años de vida, cuando fui la elegida para vivir la vida que ella no pudo.

Estaba muy orgullosa cuando dejé mi trabajo en el gobierno local para tomar un puesto que me habían ofrecido como asesora de administración del cambio, en una de las empresas de consultoría global más importantes. Mientras que ella había sido la primera de su familia en asistir a la escuela secundaria, yo fui la primera de la mía en romper el molde de normalidad en las oportunidades de la clase trabajadora. Era un gran trabajo, a menudo me avergonzaba oír a mi madre presumiendo ante sus amigas mis últimos éxitos, y si tenían hijos de mi edad a quienes no les iba bien, ¡tanto mejor!

Sin embargo, como ya te comenté, yo sentía que me faltaba algo. Finalmente, todo quedó claro para mí cuando, mediante la PNL, aprendí acerca de los valores. Nuestros valores son lo que realmente nos importa, ellos impulsan nuestra motivación, lo que elegimos hacer y cómo nos evaluamos nosotros mismos después de un suceso. Si nuestros valores no están satisfechos en un área clave de nuestra vida, es probable que nos sintamos estresados e infelices. Los problemas en nuestras relaciones a menudo son causa de un choque de valores. Imagina que en una relación uno valora la espontaneidad mientras que otro valora la rutina: llegará un momento en que habrá un encontronazo. Al principio, un choque de valores es menos obvio ya que ambos hacen concesiones y son más flexibles; sin embargo, una vez que las aguas se han calmado, los valores desempeñarán una función clave en la supervivencia a largo plazo de la relación. Algo parecido ocurre con nuestra carrera profesional: si nuestros valores no se satisfacen nos sentiremos estresados, frustrados, etcétera.

Descubrí que tenía valores en torno a la independencia, innovación y la toma de riesgos, y eso significaba que nunca me sentiría completamente realizada en mi viejo empleo.

La manera más rápida de descubrir tus propios valores en cualquier área de la vida es plantearte una sencilla pregunta; por ejemplo, si quieres saber acerca de los valores de tu pareja, pregúntate: "¿qué es lo más importante para mí de mi relación?". Tu respuesta es tu relación ideal, no la que vives en este momento. Luego, lleva a cabo una lluvia de ideas contigo mismo o aún mejor, pídele a alguien que la haga contigo; sólo sigue preguntándote lo mismo. Una vez que hayas externado todas tus ideas, ponlas en orden de importancia... puedes sorprenderte ante lo que descubras. Puedes hacer esto para cada área de tu vida (ver "La rueda de mi vida", en la página 49, para otras ideas).

La moraleja es que cuando se fijan metas personales es esencial elegir las que despierten el deseo ardiente de lograrlas por uno mismo, aquéllas que satisfagan los valores personales. Napoleon Hill habla de esto en su clásico *Piense y hágase rico*; aunque la meta en la que se centra el libro es hacer dinero, el principio aplica igualmente para lograr cualquier otro tipo de meta. Napoleon Hill dice que el primer paso hacia la riqueza es el **deseo**. Cualquiera que sea el objetivo, asegúrate de que despierta en ti el ardiente deseo de lograrlo.

¿Cómo se fijan las metas?

Además de que tienen que ser motivadoras, la mejor y más sencilla manera de definir metas es según los principios de los objetivos ubicuos de SMART (*Specific, Measurable, Actionable, Realistic, Timely*). Estos principios fueron tomados del libro de Paul J. Meyer, *La actitud lo es todo*. No son de la PNL, pero los uso porque son la mejor manera que he encontrado de fijar objetivos de manera sencilla de alcanzar.

- **Específicas**: las metas deben ser claras y resaltar lo que quieres que ocurra. La especificidad ayuda a enfocarte en tus esfuerzos y a definir claramente lo que vas a hacer; por ejemplo, en lugar de fijarte como meta perder peso o ser más saludable, fíjate como meta perder 2 cm de cintura o caminar 8 km diariamente.

- **Medibles**: si no puedes medirlas, no puedes gestionarlas. Elige metas con un avance que puedas medir, de tal forma que puedas ver el cambio que ocurre. Por ejemplo: "quiero escribir un capítulo diario para mi libro" muestra el objetivo específico que va a medirse.

- **Alcanzables**: todas tus metas deben ser alcanzables, lo que significa que deben estar dentro de los límites de lo posible para ti. Por ejemplo, está dentro de los límites de lo posible que yo pueda ganar el maratón este año; esto es porque tengo dos piernas, puedo correr y me divierte entrenar. En la PNL decimos que la A también representa "actuar como si", la teoría que dice que nunca sabremos todo lo que tenemos que saber. Si comenzamos a "actuar como si", nuestra mente cree que determinada circunstancia es real, y por esta razón, la visualización es muy poderosa en la práctica deportiva.

- **Realistas**: este principio proporciona la comprobación de lo que se logró. Puede que yo gane el maratón, pero ¿es realista? *Realista*, en este caso, quiere decir "factible", significa que la curva de avance no es casi una pendiente vertical, que dispones de las habilidades necesarias para hacer el trabajo. Fijar la barra lo suficientemente alta como para que descubras de qué eres capaz, pero no tan alta que quedes frustrado si nunca logras llegar. ¡Concéntrate en lo inspirador, no en lo sensato!

- **Oportunas**: establece un límite claro de tiempo para la meta, para la próxima semana, en tres meses, un año, cinco, etcétera, lo que sea que se adapte a tu objetivo. Poner un punto final a tu meta te da un objetivo claro hacia el cual trabajar. Si no fijas un tiempo, el compromiso es demasiado vago, tiende a no ocurrir, porque sientes que puedes empezar en cualquier momento. Sin un límite de tiempo, no hay ninguna prisa por tomar acciones ahora.

La rueda de tu vida

Si todavía no estás seguro de las metas en las que quieres concentrarte, usa la rueda de la vida de la siguiente página para identificar las áreas de tu vida que actualmente están en desequilibrio. La rueda contiene las áreas clave de la vida: desarrollo profesional, familia, relaciones, desarrollo personal, salud y bienestar físico y riqueza. Estas áreas tienen que estar en equilibrio para lograr la armonía y el éxito. Si una o más carecen de equilibrio, es probable que estés en la zona gris y sufras de estrés.

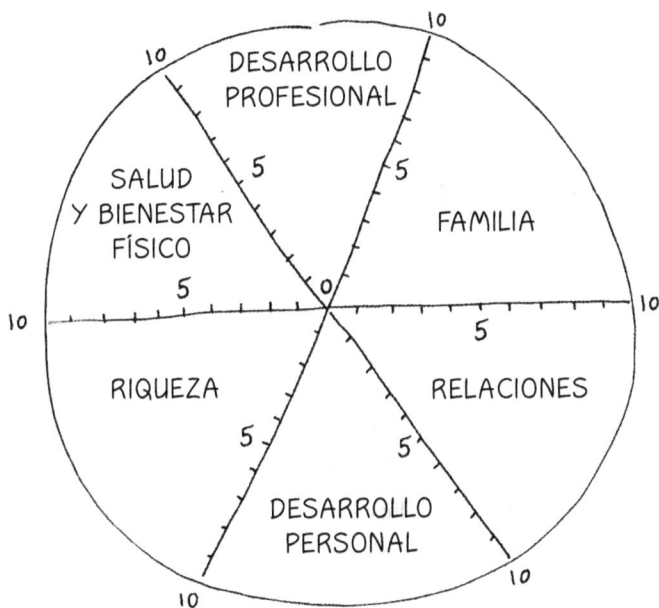

Ejercicio 4

La rueda de mi vida

Considera tu propia vida en relación con las seis áreas de la rueda anterior. Si hay otra área de la vida que sea importante para ti y que no aparezca, entonces añádela. Califica cada área hasta el 10, usando la escala que te damos y pon una marca en la puntuación que elijas. Califica las áreas de la vida una a la vez. Cuando lo hayas hecho, suma todas las marcas para descubrir la forma de tu rueda.

Pregúntate:

• ¿Cuál fue el área de mi vida con la puntuación más baja?

• ¿Cuál fue el área de mi vida con la puntuación más alta?

• ¿Rodaría suavemente por el camino o iría dando tumbos?

- ¿En qué área(s) quiero trabajar para desarrollar mis metas? Ésta normalmente sería el o las áreas con las puntuaciones más bajas.

Establece tus propias metas

Ahora es el momento de desarrollar tus propias metas. Ponte a prueba en algo que te obligue a superarte; ten ansias de tus metas cuando pienses en ellas. ¿Cuál será la meta que tenga mayor repercusión en tu vida? Busca algún sitio tranquilo para relajarte y considérala. Recuerda algún momento del pasado en el que hayas logrado alguna, da igual lo que sea. Asóciate a ese recuerdo y acuérdate de lo bien que se sentía tener éxito; ahora, duplica los sentimientos a medida que haces el siguiente ejercicio para establecer tus metas personales. Si todavía no tienes un objetivo en mente, entonces revisa las áreas de tu vida con las puntuaciones más bajas y las cosas que cambiarías si supieras que no puedes fracasar, que vimos en el capítulo 2. Ahora imagina que adelantas el tiempo tres años, ¿qué habrás logrado entonces?, ¿cómo te verás?, ¿cómo será tu voz?, ¿cómo te sentirás?, ¿qué dirán los demás de ti? A medida que te consideras a ti y a tus éxitos, desarrolla la meta más importante que quieras lograr. Asegúrate de que sea una meta SMART.

Si tu meta tiene una escala de tiempos diferentes, entonces imagina que adelantas el tiempo hasta el periodo deseado; puedes usar el mismo proceso una y otra vez para los otros objetivos que tengas; refiérete a tus metas en presente, es importante comportarse como si ya las hubieras logrado, porque esto da al sistema nervioso la impresión de que es real. De hecho, tu cerebro no conoce la diferencia entre lo que es real y lo imaginario. Mencioné "actuar como si" en la sección que hablaba de SMART; es una de las distinciones más importantes entre las personas de éxito y aquellas que nunca la hacen. El cerebro no reconoce la diferencia y los nuevos comportamientos producen nuevas conexiones neuronales que refuerzan esos nuevos comportamientos. De hecho, si te comportas conscientemente de una manera nueva durante al menos 30 días, llega a ser un hábito inconsciente. Por ejemplo, si quieres que te asciendan puedes actuar como si ya te hubieran ascendido y hacer más del trabajo que te corresponde y ver qué ocurre. La única vez que no aconsejo hacer esto es cuando tu objetivo es tener un millón de pesos en tu cuenta de banco en determinado plazo, ¡y empezar a gastar ahora!

Un último detalle antes de que te pongas a escribir. Pregúntate qué es lo que quieres tanto que llega a despertar una enorme sonrisa en tu cara sólo con pensar en ello. Michael Neill dijo que la razón número uno de que las personas no tengan ya lo que quieren es que han aprendido a no permitirse querer lo que creen que no pueden tener y para evitar desilusiones dejan de anhelar sus sueños y empiezan a ser realistas. Amigos y familiares pueden ser nuestros peores enemigos cuando aspiramos a lo que realmente queremos: nos cuestionan quiénes nos creemos que somos, o se sienten amenazados por nosotros cuando hacemos algo por nuestra vida, mientras ellos siguen en la zona gris. Cuando desarrolles tus metas y descubras lo que en realidad eres capaz de lograr, asegúrate de que te concentras en lo inspirador en lugar de en lo sensato.

Dave. Transformar su vida con metas poderosas

Dave heredó la empresa de limpieza de alfombras de su padre. Eso fue hace 25 años. No era su trabajo ideal, aunque pagaba la hipoteca y daba a su familia un buen nivel de vida; hace dos años leyó su primer libro de desarrollo personal, uno como éste, y comenzó a entender que podía tomar otras decisiones. Se dio cuenta de que él se había convertido en su mayor impedimento para cambiar y leyó todos los libros que pudo encontrar. Su sueño era poder trabajar como mentor de vida; su familia y amigos pensaron que se había vuelto loco. Estableció como meta llegar a ser un mentor exitoso que ganara el doble de su salario en la empresa de limpieza de alfombras en su primer año. Después de capacitarse, recibió la oportunidad de trabajar como mentor e hipnoterapeuta en una clínica local. Siguió con su empresa de limpieza de alfombras y pidió a uno de sus hijos que se hiciera cargo de la gerencia. Logró todas sus metas y se preguntaba por qué había dejado pasar tanto tiempo antes de moverse.

Ejercicio 5

Mis metas

Te darás cuenta de que este ejercicio está diseñado para que elabores el paso final dentro de tres años y luego retrocedas a partir de ese punto. Si tu meta es de un plazo mayor o menor que éste, entonces ajusta las etapas según corresponda.

Este es un plan de ejemplo que se basa en la siguiente meta: escribir un libro exitoso que sea aceptado por un editor de ámbito mundial y que venda más de 100 mil copias en tres años.

3 años

Revisar y publicar una nueva edición después de vender 100 mil copias en todo el mundo.

2 años

Vender más de 40 mil copias sólo en mi país y ser, al menos, el segundo en la lista de los más vendidos. El libro se traduce a, por lo menos, dos idiomas y se vende en muchos países del mundo.

18 meses

Lanzar el libro con excelentes comentarios en al menos tres revistas o periódicos. Lograr un mínimo de tres entrevistas en radio y televisión.

En un año

Asegurar un contrato con una editorial muy conocida en el ámbito mundial y escribir el primer borrador del manuscrito.

En 6 meses

Escribir la propuesta del libro y hallar un agente editorial.

En 3 meses

Investigar el mercado y comprobar que el tema tiene posibilidades de ser vendido. Aprender cómo escribir la propuesta de un libro a requisición para encontrar un agente y una editorial.

En 1 mes

Decidir de qué tratará el libro.

Ahora escribe tus metas:

En 3 años

En 2 años

En 18 meses

En 1 año

En 6 meses

En 3 meses

En 1 mes

Antes de continuar, echa otro vistazo a tu objetivo y pregúntate si realmente te has puesto un verdadero reto.

Pedir resultados alcanzables

Si te preguntara si alguna vez tuviste una meta en el pasado que hayas logrado, me da la sensación de que contestarías sí; si te preguntara si alguna vez tuviste una meta en el pasado que no hayas logrado, me da la sensación de que también contestarías sí. Me da curiosidad saber cuál fue la diferencia entre las dos metas; quizá la motivación fue un tema para ti si tu meta no fue lo suficientemente motivadora. También siento curiosidad por saber cómo es que aún no has logrado la meta que acabas de escribir. ¿Qué te parecería si te diera una herramienta que te garantizara lograrla?, ¿te resultaría útil?

La herramienta es un conjunto de preguntas llamado *Pedir resultados alcanzables*. Están adaptadas de nuestro programa para alcanzar el grado de Profesional de PNL y fueron desarrolladas inicialmente por Tad James. Lo mejor es encontrar un compañero con quién desarrollar este ejercicio y que puedas decirle en voz alta las respuestas a las preguntas; si no es posible, escribe las respuestas que surjan. Es muy importante anotarlas, porque una vez que plasmas los detalles de tu meta en el papel, ésta se convierte en algo mucho más real.

Ejercicio 6

Pedir resultados alcanzables

Toma 25 minutos resolver todo el ejercicio. Pide a tu compañero que haga las preguntas con claridad y que te ayude a completar todo lo más rápido posible; dile que escriba tus respuestas y que te las dé una vez que hayan acabado.

1. *¿Qué quieres específicamente?* (Comprueba que tu meta esté claramente enunciada).

2. *¿Con qué propósito quieres esta meta?* (Comprueba que esta meta sea lo suficientemente motivadora).

3. *¿Dónde estás ahora en relación con tu meta?* (Comprueba la duración posible de tu viaje, ¿estás cerca de alcanzar tu meta o estás muy al principio?).

4. *¿Qué verás, oirás y sentirás cuando la alcances?* (Crea una descripción multisensorial que hace que la meta sea más real).

5. *¿Cómo sabrás que la has alcanzado?* (Comprueba tus criterios de evidencia).

6. *¿Qué tienes ahora y qué necesitas para lograr tu resultado?* (Comprueba los resultados que necesitas para lograr tu meta).

7. *¿Qué ganarás y qué perderás cuando la tengas?* (Comprueba la repercusión de tu meta en las demás áreas de tu vida).

¿Observaste lo que ocurrió con tu meta a medida que seguías el proceso? La mayoría de las personas descubren que sus metas llegan a hacerse mucho más claras y se sienten más comprometidas con ellas. La descripción sensorial —lo que ves/oyes/sientes cuando la tienes—, ¿realmente te apega a tu meta?

La pregunta de relevancia (la número 7) también es muy interesante porque despeja lo que se llama *ganancia secundaria* en la PNL; te pide que pienses en lo que perderás y en lo que ganarás cuando logres tu objetivo. Por ejemplo, aceptar ese destino de trabajo en Estados Unidos podría ser excelente para tu carrera profesional, pero te dejará menos tiempo para tu relación de pareja y tus hijos. Es muy importante que reconozcas y trates las consecuencias, porque cualquier conflicto interno puede hacer que des menos de cien por ciento en tu compromiso con la meta, y puede terminar con la misma o incluso, sabotear tu propio éxito.

Por ejemplo, la ganancia secundaria para mí cuando empecé mi empresa fue la pérdida de mi buen salario regular. Eso me mantuvo pegada a la zona gris durante mucho tiempo; de hecho, tardé tres años en tomar la decisión de dejar mi empleo y enfocarme tiempo completo a mi empresa. Sé sincero contigo mismo acerca de lo que puedes perder y más tarde trabajaremos con el miedo a dejar esas cosas para perseguir tus sueños.

Libérate de los detalles

No creo que sea necesario elaborar planes detallados para lograr cada paso del viaje hacia tu meta. Mike Dooley, autor y colaborador de la película *El secreto*, los llama *los temidos cómos*. A algunas personas eso les podría sonar controvertido. Lo digo porque hay un millón de formas en las que podemos lograr nuestra meta, y si te enfocas con excesiva rigidez a un camino determinado no tomarás en cuenta otras posibilidades que pueden cruzarse a tu paso. Si nos enfocamos sólo en una solución, entonces perdemos la oportunidad de reconocer que no es la única, esto es, no veremos todas las demás infinitas oportunidades. ¿Por qué querrías limitarte cuando puedes lograr tu meta de muchas formas diferentes?

Por ejemplo, si quieres tener una nueva relación en tu vida, puedes elegir concentrar todas tus energías en tener citas por internet; dedicarías todo tu tiempo libre y fines de semana a comprobar nuevos prospectos de citas que recibes en línea. Mientras haces esto estarás rechazando las oportunidades normales de salir con tus amigos, donde también podrías conocer a la persona especial. No estoy diciendo que no debas seguir con la web..., estoy diciendo que también deberías estar abierto a todas las demás formas de conocer a alguien.

Enfrenta la forma correcta

Lo importante es fijar tu atención en la dirección correcta. Así, tu energía fluye hacia donde tu atención va y por consiguiente, si desvías la atención hacia tu meta y empiezas a tomar las medidas necesarias, entonces tendrás éxito. Deja que tu mente consciente lo entregue y disfruta del viaje; sólo deja que ocurra, quedarás asombrado de cuán rápidamente empezarás a atraer hacia ti las cosas y las personas que te ayudarán a lograr tu meta.

Relájate

También es importante dejarlo ir si no es adecuado para ti. Esto puede sonar como una contradicción a lo que dije antes acerca de tener una meta motivadora; sin embargo, si no es bueno para ti no conseguir tus metas, te concentrarás en tu ansiedad por no alcanzarla. Si te enfocas y concentras tu atención en lo que no quieres (ver capítulo 4) es probable que eso sea exactamente lo que atraigas. ¿Cómo evitar cosas como éstas?, una forma es considerar lo peor que podría ocurrir si no lograras tu meta, pero sólo el tiempo que necesites para aceptarlo y dejarlo ir. Por ejemplo, yo tomé en cuenta lo peor que podría ocurrir si no conseguía mi meta de operar una empresa exitosa. Para mí eso significaba que tendría que regresar a un empleo pagado y que eso estaba bien, luego saqué la idea de mi cabeza y concentré todas mis energías en el éxito de mi empresa.

Seguir adelante

John Grinder, el cocreador de la PNL, dijo que en su experiencia el único factor clave que detiene a las personas de lograr sus metas es que no tienen una meta después de la meta. Si no hay nada a lo que dirigirse después, pueden sentirse desmotivados e incluso sabotearse; supongamos que mi meta es escalar una montaña, por lo que entreno realmente mucho durante mucho tiempo. Si, cuando llego a la cima, no busco la siguiente cumbre más alta para escalar, puedo llegar a desmotivarme, incluso puedo empezar a deslizarme por la zona gris porque he perdido el enfoque y la dirección de mi vida; es muy importante disfrutar del viaje y estar siempre atento a lo que vendrá después.

Responsabilidad por las metas

En realidad dejé mi trabajo bien pagado dos veces. La primera vez fue cuando una amiga me pidió que fuera su socia de negocios y directora de su empresa de capacitación de PNL. Me dio miedo porque, aunque yo quería poner mi propia empresa desde hacía ya dos años, no había tenido el valor suficiente de establecerme completamente por mi cuenta. Su empresa era muy exitosa y reportaba buenos dividendos; sin embargo, después de un breve periodo, las cosas empezaron a ir mal. No podía entender esto ya que creía que estaba enfocándome en mi meta de tener mi propia empresa de capacitación de PNL y había tomado varias medidas para alcanzar esa meta. Entonces, un día sucedió algo que tuvo un profundo efecto en mí. Había escrito una propuesta para un posible nuevo cliente y se la había dado a nuestro gerente para que la enviara; sin saberlo yo, él se la dio a mi socia y me la devolvieron llena de marcas en rojo ya que ella no estaba de acuerdo con la mayoría de mis ideas. Me sentí enojada y dolida y repentinamente caí en la cuenta de que estaba bailando al son que ella me tocaba, persiguiendo su sueño y no el mío. Fue uno de esos momentos de luz. Me di cuenta de que no sería feliz hasta que fuera libre para ser verdadera, con mis propias metas y aspiraciones. Poco después de eso me fui y, en realidad, regresé a mi antiguo empleo por un tiempo, verdaderamente magullada con la experiencia. Había visto en su oferta un atajo para tener mi propia empresa. Parecía ideal y aún así, casi tuve que abandonar mis propios sueños en esa situación.

Estas fueron poderosas enseñanzas para mí. Uno de los principios de la PNL es que "no hay fracasos, sólo retroalimentación", y descubrí que esto es una situación muy motivadora. Me concentré en lo que aprendí de esta experiencia, lo cual debería hacer siempre para el futuro, para mí misma y para bien.

Aprendí lo siguiente:

- Cuando tomes cien por ciento de la responsabilidad para lograr tu resultado y estás dispuesto a hacerlo todo por ti mismo, no tendrás que hacerlo.
- En el grado en que no estés dispuesto a hacerlo todo por ti mismo, tendrás que hacerlo.
- Cuando no tomes cien por ciento de la responsabilidad de lograr tu resultado, no estarás haciendo magia, estarás jugando con la suerte.
- El único beneficio de no tomar cien por ciento de la responsabilidad para lograr tu resultado, es que siempre tendrás alguien a quien culpar.

Volví a concentrarme en mi sueño y, aunque tardé otros tres años en tomar la decisión de enfocarme tiempo completo a mi nueva empresa, finalmente llegué allí.

¿Qué tal si estás realmente preparado para ir por ella?

"He llegado a creer que cada uno de nosotros tiene una llamada personal que es única, como una huella dactilar, y que la mejor manera de tener éxito es descubrir lo que te gusta y luego hallar una forma de ofrecérsela a otros en la forma de servicio, trabajo duro y también dejar que la energía del universo te guíe."

Oprah Winfrey

Piensa en las personas que conoces que han tenido mucho éxito a la hora de lograr sus metas, ¿qué las hizo sobresalir de la multitud?

Sharon. Reconstruir su cuerpo con enfoque y dedicación

Existe el mito de que es difícil perder peso cuando se tiene más de 50 años de edad. Sharon tenía 52 cuando decidió que era el momento de tener un nuevo cuerpo. Tenía casi 19 kg de sobrepeso, mala salud y se sentía pésimamente. Su meta muy específica fue perder 6 kg en tres meses, (no) mucho pedir para cualquiera. Se sentía motivada cuando se visualizaba en la compra de un vestuario nuevo que la hiciera parecer más joven y, lo más importante de todo, con mejor salud como resultado de la pérdida de peso. No pude evitar darme cuenta de su enfoque y determinación; su visión le dio una disciplina que la impulsaba a continuar hacia su meta, los rápidos resultados la motivaron a mantenerse en el camino. Incluso durante Navidad se apegó a su nueva rutina de comer menos y ejercitarse más; experimentó con diversas formas para bajar de peso, sin llegar a obsesionarse con ninguna de ellas. En tres meses lo había logrado y un año más tarde, no ha recuperado el peso que perdió. Goza de mejor salud, se ve más joven y está llena de vitalidad. Le encanta su nuevo cuerpo.

Ejercicio 7

Generador de nuevas metas

Este ejercicio te ayuda a visualizar tu meta. El cerebro no distingue entre lo que es real y lo que es imaginario, y este ejercicio te ayuda a creer que la meta es alcanzable, incluso te ayudará a establecer nuevos caminos neuronales en el cerebro. De hecho, si repetimos un comportamiento de forma continua durante 30 días, se establece un nuevo camino neuronal. Te recomiendo que hagas este ejercicio una vez al día durante un mes y observarás la diferencia. Sólo necesitarás de cinco a 10 minutos diarios.

1. Cierra los ojos, detente por un momento e imagina que frente a ti hay otro tú.

2. Es el otro tú que ha logrado tu meta.

3. Imagina cómo te verías, sentirías y sonarías al lograr tu objetivo.

4. Si no es como te gustaría, haz los ajustes necesarios para sentirte absolutamente fantástico. Conecta la imagen a los sentimientos y asegúrate que lo sientes ahora y no lo que imaginas del futuro.

5. Cuando estés satisfecho con el otro yo, acércate y míralo a los ojos. Observa cómo se siente haber logrado tu meta. Observa tu nueva perspectiva, comportamientos y creencias respecto a ti mismo.

6. Ahora piensa en una situación que te gustaría ver desde tu nueva perspectiva de haber logrado tu objetivo, ¿en qué van a mejorar las cosas ahora?

7. En las próximas semanas, actúa como si el otro tú fuera realmente tú mismo y observa la diferencia.

Consejo: Sacas lo que pones, por tanto, ¡haz que tus metas pongan a prueba tu capacidad, sean específicas y realmente te apasionen!

Capítulo 4

"Ten cuidado con lo que pides."

Proverbio antiguo

Concéntrate en lo que quieres

Si ahora te pidiera que no pensaras en un árbol azul, ¿en qué pensarías para no pensar en él?. Tienes razón, en un árbol azul. La mente no puede procesar una negación. Cuando mis hijos eran pequeños, recuerdo que le pedí a uno de ellos que no pusiera el sándwich de crema de cacahuate en la videocasetera o, ¡cielos! Si produces un pensamiento o representación interna de algo que no quieres, eso es exactamente lo que obtendrás. Lo opuesto es, por supuesto, **enfocarte en lo que quieres**. Esto es muy importante cuando trabajas para lograr tus metas. Si te enfocas en lo que no quieres lograr o en todas las cosas que pueden interponerse en tu camino para lograr tu objetivo, entonces ten cuidado, es probable que produzcas esas cosas tú mismo. ¿De qué manera ocurre esto exactamente? Lo analizaremos en este capítulo.

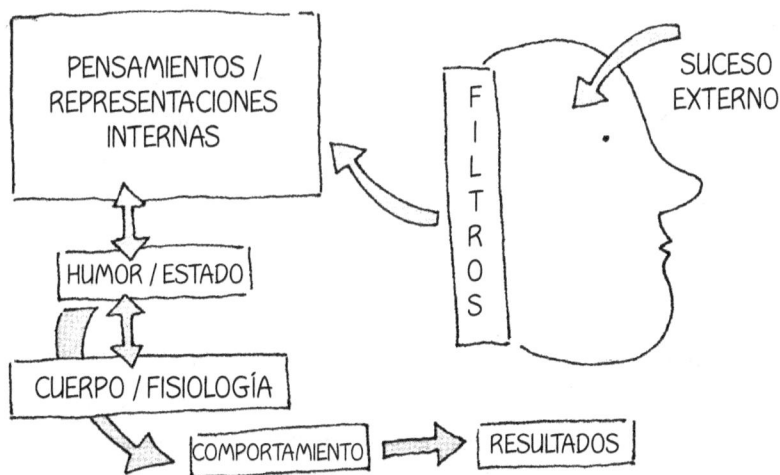

¿Alguna vez has estado en algún evento con alguien más y has descubierto más tarde que tuvo una experiencia completamente diferente a la tuya? Recuerda, por ejemplo, la última vez que fuiste a una boda familiar y luego hablaste de ella con un pariente, ¿en qué se diferenció su experiencia de la tuya?, ¿cómo es posible que ambos hayan estado en el mismo lugar al mismo tiempo y aún así hayan tenido experiencias diferentes? Quizás incluso se pregunten si estuvieron en la misma boda.

Cada día en el transcurso de nuestra vida cotidiana, los sucesos externos afectan nuestros pensamientos. Podemos estar chateando con un amigo, disfrutando una gran comida con nuestro socio, en el trabajo con los compañeros o en la calle con los niños, no importa, esos acontecimientos entran en el sistema nervioso después de pasar por nuestros filtros personales. Cada uno de nosotros tiene un conjunto diferente de filtros, aun si provenimos de la misma familia. Los filtros incluyen nuestros valores y creencias respecto al mundo, así como nuestros recuerdos y experiencias. Por eso dos personas pueden ser testigos del mismo acontecimiento y experimentarlo de forma diferente. Es como si cada suceso externo pasara por un tamiz personal, y mi tamiz tuviera diferentes agujeros que el tuyo; ambos acabamos con una experiencia diferente y ninguna de ellas es el verdadero suceso en sí mismo. Nunca puede alcanzar el hecho real porque cambiamos la realidad conforme ésta atraviesa nuestros filtros. Una vez que la información entra por ellos, formamos imágenes en la cabeza, oímos sonidos, tenemos sentimientos y nos hablamos a nosotros mismos. En la PNL nos referimos a estas imágenes como *representaciones internas*, son justo eso: representaciones de la realidad, **no** la realidad en sí misma, y son únicas para cada quien, son tu forma de percibir el mundo (tu mapa del mundo o tus pensamientos). Si creamos una representación interna provechosa apoyada por una charla positiva con nosotros mismos acerca de un acontecimiento, estaremos en un estado emocional más eficiente, lo que a su vez significa que es más probable que logremos el resultado que queremos. Un estado emocional es la suma total de todos los procesos neurológicos que ocurren dentro de ti en cualquier momento. Una forma más sencilla de pensarlo es que un estado emocional es el humor en el que te encuentras en un momento determinado. Todos hemos experimentado estados de ánimo inútiles como ira, miedo y tristeza; por el contrario, también hemos experimentado los positivos, como motivación, determinación y felicidad. Esto es muy importante porque todo el comportamiento y, por consiguiente, nuestros resultados dependen de nuestro humor. Por ejemplo, si nos sentimos motivados y poderosos cuando asistimos a una entrevista, es mucho más probable que nuestros resultados sean más positivos que si nos sentimos nerviosos y ansiosos. Cualquier cosa asombrosa que hayas hecho será resultado del estado de ánimo en el que estuvieras en ese momento.

La cuestión realmente inteligente es que podemos programar nuestra mente para que esté de humor positivo siempre que lo necesitemos. Podemos elegir la forma en que nos representamos el mundo. Esto abre oportunidades fantásticas y voy a enseñarte cómo hacerlo.

Ejercicio 8

Controlar tu estado de ánimo

Primero que nada, imagina que es sábado por la noche y compraste tu boleto de lotería para el fin de semana. Desde que comenzaste a jugar, siempre has elegido los mismos números; luego compras tu comida favorita para llevar y vuelves a casa. Compraste suficiente para dos porque invitaste a tu vecina a pasar la tarde, son grandes amigas. Te sientas cómodamente en el sofá mientras bebes una copa de delicioso vino y te relajas mientras esperas a que ella llegue.

Me gustaría que te pusieras en esa situación ahora. Imagínate flotando en el interior de tu cuerpo mientras estás sentada frente a la televisión, con ánimo relajado; ¿Cómo te sentirías?, ¿qué llevarías puesto?, ¿qué estarías diciéndote? Empieza el programa de la lotería y ves el sorteo como de costumbre. Conforme se acerca la hora del sorteo sientes por dentro el hormigueo de la ilusión. Ves con atención caer la primera bola por la máquina, es tu número. De repente, te sientas más erguida y comienzas a prestar más interés al programa. Cae la segunda bola y también es tu número; ahora puedes sentir que tu corazón comienza a latir más deprisa. Te quedas mirando fijamente la televisión... Caen la tercera y la cuarta bola, y también son tus números. ¿Qué sentirías ahora?, quiero decir, ¿qué sentirías *realmente*?. ¿Puedes sentir cómo aumenta la emoción en tu cuerpo?. Si no, ¿por qué?, siéntela. La quinta bola cae y difícilmente puedes resistirte a mirar. Sí, también es tu número, uno más para el final. Ya estás pensando cómo gastarás el dinero cuando caiga la última bola. Parece que esa bajada por la rampa tarda una eternidad, y en ese momento miras por entre tus dedos que cubren tus ojos como si estuvieras viendo una película de terror. ¡Sí!, es tu número, ¡acabas de ganar la lotería!

Levántate, mira al techo y muestra una enorme sonrisa en tu cara y grita en tu cabeza "¡sí, sí, sí, sí!" continuamente—quizá no sea el mejor momento de hacer esto si estás en el metro o en el tren, ¡aunque por supuesto conseguirías un asiento! Luego, mientras sigues mirando al techo, intenta con todas tus fuerzas sentirte triste. Vamos, inténtalo en serio. Es imposible, ¿verdad?

Luego comienza a mirar alrededor buscando tu boleto. Buscas por todas partes en tu casa, pensabas que lo habías dejado en el lugar habitual, pero no está allí. Volteas todos los cajones de tu casa y conforme pasas de cuarto en cuarto tus acciones se vuelven más frenéticas. El boleto no aparece por ningún lado. Está perdido junto con el premio de lotería de casi 20 millones de pesos. ¿Cómo te sentirías ahora? Ponte realmente en esa situación: dejas caer los hombros, hundes la cabeza. Pon un gran ceño fruncido en tu cara, ahora intenta con todas tus fuerzas sentirte feliz. Vamos, inténtalo en serio. Es imposible, ¿verdad?

Alguien toca la puerta y vas a abrir. Ahí frente a ti está tu vecina. Con toda la emoción y el pánico te habías olvidado de ella. Te pregunta qué te ocurre y antes de que puedas contestarle, te da el boleto de lotería que acaba de encontrar en la puerta de entrada. ¡Afortunadamente ella no había visto el programa de la lotería o quizá no hubieras vuelto a ver nunca ese cachito! Así que ahora tienes el número ganador en tu mano. ¿Cómo te sentirías justo ahora? Cae lentamente dentro de tu cuerpo ganador de la lotería e imagina cómo te verías y sentirías, ¿qué estarías diciéndote? Como antes, párate, mira el techo y pon la sonrisa más grande en tu cara y sigue diciéndote "¡sí, sí, sí, sí!" en la cabeza. Bien hecho. ¡Puedes volver a sentarte!

El propósito de este ejercicio es brindarte una experiencia personal del vínculo que existe entre tus pensamientos, tu estado de ánimo, tu cuerpo y, finalmente, el resultado que produces. Es realmente imposible pensar en una situación desagradable cuando tienes una sonrisa en la cara, y viceversa. Los cambios en nuestra postura, la respiración, tensión muscular y expresiones faciales afectarán en un instante la forma en que nos sentimos. Si tu cuerpo está tenso, incluso producirá diferentes sustancias químicas de las que libera cuando está relajado. Si haces el experimento de usar tu cuerpo de forma diferente, experimentarás la vida de otra manera. La próxima vez que te sientas inseguro y necesites reforzar tu confianza, colócate en una postura tranquila, actúa como si en verdad confiaras y observa la diferencia. Lo más importante que debes saber es que es imposible sentirse mal y al mismo tiempo tener buenos pensamientos; esto es porque, como hemos visto, tus pensamientos y tu fisiología causan sentimientos. Si te sientes mal es porque tienes pensamientos que te hacen sentir mal, y que afectan el resultado que obtienes para ti.

En *Mensaje silenciosos*, Albert Mehrabian escribió que comprender la diferencia entre las palabras y el significado es una capacidad esencial para la comunicación y las relaciones eficaces. Su modelo es particularmente útil para ilustrar la importancia que tienen otros factores diferentes a las palabras, sólo cuando intentan transmitir el significado (como el orador) o interpretar el significado (como el oyente). Descubrió que el tono de la voz y el lenguaje del cuerpo representaban 93% del significado inferido por las personas que participaron en su estudio. El tono de la voz era 38% y el lenguaje corporal 55%; a su vez, las palabras representaron sólo 7%. Así que si te digo que realmente me emociona algo, pero te lo digo con voz lenta y monótona, y me desplomo en una silla mirándote con cara de aburrida mientras te lo cuento, es probable que creas mucho más en el tono de mi voz y en mi lenguaje corporal que en mis palabras.

Esto es importante porque no sólo hay un vínculo entre nuestros pensamientos, estados de ánimo, cuerpo y resultados —como ya vimos en el experimento del boleto de lotería— en términos de cómo nos sentimos por dentro, sino que también otras personas notarán e interpretarán el significado de cómo nos proyectamos al mundo exterior.

Ejercicio 9

El poder de la mente

Experimentemos esto individualmente. Imagínate que te reúnes con tu jefe para analizar tu evaluación anual. Este trabajo es realmente importante para ti porque tienes algunas deudas que pagar y es la primera vez que tienes la oportunidad de hacer una buena carrera profesional a largo plazo. Antes que nada, quiero que te concentres en estar realmente ansioso y preocupado por que lleguen a darte una evaluación negativa que pueda sabotear tu éxito a largo plazo en tu puesto. Has estado preocupado pensando en la junta y por eso no has podido dormir muy bien: te sientes muy presionado por lograr un buen resultado de la sesión porque muchas cosas dependen de ella.

Ahora mantén esa representación interna en tu cabeza, con las imágenes, sentimientos, sonidos y pensamientos asociados.

Cuando pasas por la puerta de la oficina de tu jefe, hay un efecto en ti. Escribe el efecto que esto tendrá en:

• tus pensamientos

• tu estado de ánimo

• la postura de tu cuerpo

• tu comportamiento

• tus resultados

Limpia la pantalla. Esta vez quiero que te concentres en que te sientes realmente confiado respecto a los resultados y éxitos que has obtenido hasta ahora en el nuevo trabajo. Esta reunión es un pequeño paso entre donde estás ahora y el siguiente nivel. Estás totalmente convencido de que la reunión irá bien y que obtendrás lo que quieres.

Ahora mantén esa representación interna en tu cabeza con las imágenes, sentimientos, sonidos y pensamientos asociados.

Escribe el resultado que esto tendrá en:

• tus pensamientos

• tu estado de ánimo

• la postura de tu cuerpo

• tu comportamiento

• tus resultados

¿Qué notaste en este ejercicio?, ¿qué representación interna es más probable que ayude a que obtengas lo que quieres? La positiva, por supuesto. Aún así, ¿qué tan a menudo nos saboteamos con pensamientos negativos antes de que incluso haya ocurrido el suceso? Ya sabemos que como el lenguaje del cuerpo representa 55% del efecto de una comunicación cara a cara, ni siquiera tenemos que decirle algo a nuestro jefe para que sepa cómo nos sentimos en realidad. En el primer ejemplo, podemos decir las palabras correctas, pero nuestro lenguaje corporal delatará nuestros verdaderos sentimientos, y el jefe percibirá la incongruencia entre los dos. Es menos probable que coopere con nosotros que en el segundo ejemplo, cuando aparezcamos confiados y concentrados en nuestro resultado y haya más congruencia entre lo que decimos y lo que hacemos.

Michael. Alineación de pensamientos y hechos

Michael jugaba al tenis de manera habitual; sin embargo, cada vez lo disfrutaba menos. Le encantaba jugar torneos dobles pero finalmente perdía la mayoría de los partidos en la primera ronda, y cada vez había menos gente que quisiera jugar con él. Estaba a punto de abandonar este pasatiempo hasta que oyó hablar del poder de los pensamientos. Por primera vez prestó atención a lo que pensaba y descubrió que inconscientemente se había enfocado en todas las cosas que podían ir mal en sus partidos. No sorprende entonces que terminara atrayendo aquellas cosas él mismo. Una vez que estuvo consciente de esto, comenzó a cambiar sus pensamientos por otros positivos. Ahora tiene una fila de gente que quiere jugar dobles con él otra vez.

El vínculo entre las metas y el modelo de comunicación

"Los pensamientos crean cosas."

Mike Dooley

La manera en que respondemos a la información que llega a nuestro sistema nervioso y las representaciones internas que creamos son muy importantes. Los expertos han calculado que nuestro sistema nervioso, a través de los cinco sentidos, es bombardeado por 2 millones de bits de datos cada segundo del día. Sólo podemos digerir 126 bits de esos datos, lo cual se reduce a siete (más o menos dos) manejables cada segundo. Nuestros filtros descartan el resto de los datos al borrar, distorsionar y generalizar la información. Hay muchos datos de los que deshacerse. Por eso no es sorpresa que dos personas recuerden el mismo acontecimiento de manera diferente, ya que los 126 bits en los que tú te concentras serán diferentes a los 126 bits en los que me concentro yo. Lo que borramos, distorsionamos y generalizamos depende de los valores y las creencias que tengamos, así como de nuestros recuerdos y experiencias. Por ejemplo, si creo que el matrimonio es una institución loable y mi amiga cree que es una pérdida de tiempo, es probable que tengamos una experiencia muy diferente de la boda de nuestra otra amiga, ya que cada una de nosotras filtrará el suceso mediante un sistema de creencias diferente. Es necesario que entiendas esto, ya que es muy importante para la PNL.

Una de las suposiciones clave en la PNL es que *el mapa no es el territorio*. En este modelo, el mapa (nuestra representación interna) no es el territorio que representa. Cada una de nuestras experiencias es algo que literalmente conformamos dentro de nuestra cabeza. **No experimentamos la realidad directamente**, dado que siempre borramos, distorsionamos y generalizamos la información que llega a nuestro sistema nervioso. Esencialmente, sólo existe lo que creamos **dentro** de nosotros y luego proyectamos al mundo exterior. Nunca podemos experimentar la pureza del territorio sin que éste sea filtrado primero.

¿Qué es esa cosa llamada SAR?

Pienso en nuestra mente consciente como nuestro **fijador de metas** y en nuestra mente inconsciente como nuestro **logrador de metas**. La mente consciente es el fijador de metas porque el proceso de establecimiento de objetivos es muy lógico. La mente inconsciente se llama el logrador de metas debido a la parte del cerebro denominado *Sistema de Activación Reticular* o SAR. Tu SAR desempeña una parte vital en tu capacidad para lograr metas mediante tu mente inconsciente. Como mencioné en el capítulo 3, no creo que sea necesario elaborar planes detallados para lograrlas. Lo importante es fijar tu atención en la dirección correcta; entonces, todo lo que tienes que hacer es dejar que tu mente inconsciente te lleve. Quedarás atónito de cuán rápidamente empezarás a atraer hacia ti las cosas y las personas que te ayudarán a alcanzar tu meta.

Recientemente estaba en un aeropuerto lleno de gente cuando descubrí que mi vuelo se había retrasado dos horas. Me sentí bastante disgustada y frustrada por el retraso, así que decidí pasar mi tiempo consintiéndome comiendo y bebiendo algo rico. Fui al elegante restaurante de mariscos y pedí una ensalada de camarones y una copa de vino blanco muy frío. Había mucho ajetreo a mi alrededor, cientos de personas hablaban, música sonando, anuncios por los altavoces y carritos con equipaje en el suelo. Prestaba muy poca atención a lo que ocurría mientras estaba sentada en la barra disfrutando mi comida. Es verdad, oía un ruido general de fondo, pero no me molestaba en escuchar cada sonido individual. Luego, repentinamente, llegó por el sistema de altavoces la última llamada de mi vuelo. El retraso se había resuelto, y el vuelo sólo se aplazó 30 minutos después de todo. Oí la última llamada para mi vuelo, seguida por mi nombre y un mensaje que decía que mi equipaje estaba a punto de ser retirado del avión. Repentinamente mi atención fue total, apuré lo que me quedaba de vino y corrí a la puerta de salida tan rápido como pude. Mi SAR fue el mecanismo automático dentro de mi cerebro que despertó mi atención hacia la información destacada y me salvó de perder un vuelo importante.

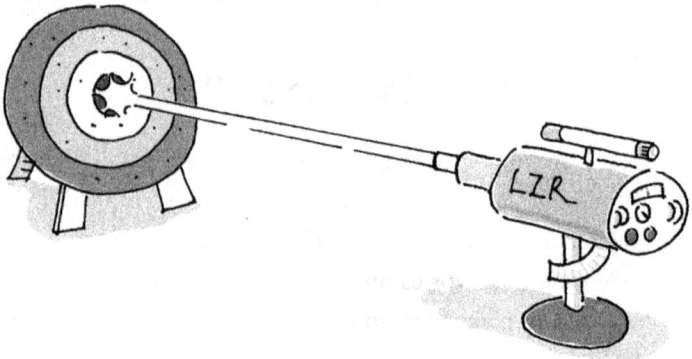

Tu sistema de activación reticular actúa como una puerta entre tu mente consciente y la inconsciente. Toma las instrucciones de tu mente consciente y las pasa a tu inconsciente. Por ejemplo, la instrucción podría ser: "escuchar a cualquiera que diga mi nombre". Por eso es por lo que deberíamos tener cuidado con lo que deseamos. Tu mente inconsciente estará buscando tu deseo aun cuando tu mente consciente esté en otro lado.

Despertado tu SAR

Hay características de tu SAR que lo hacen una herramienta esencial para lograr tus objetivos. Cuando te fijas una meta, creas una representación interna específica de ella, con imágenes, sonidos, sentimientos, gustos y olores en tu mente consciente, entonces el SAR pasará esto a tu inconsciente, que luego te ayudará a lograr la meta. Esto lo hace al llevar tu atención hacia toda la información relevante que de otra manera podría haber quedado como "ruido de fondo". En otras palabras, tu SAR se asegura de que los 126 bits de información en los que te enfocas sean los que apoyen tu objetivo. Enfocarse en dos o tres áreas clave o en un fin único provoca algo especial en tu comportamiento: despierta tu SAR. Sabemos que nuestro cerebro está bombardeado por miles de mensajes cada segundo. Todo lo que vemos, oímos, olemos, sentimos y tocamos es un mensaje que entra en el cerebro. El SAR filtra *todos* estos mensajes y decide cuál recibe tratamiento de portada, esto es, cuál despierta al cerebro.

Prestar atención

Una de las cosas que he notado en los emprendedores modelo es que prestan atención a las cosas que son importantes para ellos en determinado momento. Si sus pensamientos dominantes son acerca de crear un nuevo negocio, comenzarán a idear algo nuevo y a ver otros negocios; escucharán conversaciones respecto a nuevas empresas; tomarán ideas relacionadas con nuevas empresas e incluso verán las cosas a su alrededor de una manera diferente y las relacionarán con el negocio.

En otras palabras, tu SAR rechazará o ignorará todo aquello no relacionado con tu pensamiento dominante y destacará cualquier cosa que esté, aunque sea remotamente, relacionada con el tema importante, en este ejemplo, la nueva empresa. Cuando tenemos metas, nuestro SAR nos dirige a las posibilidades que nos apoyan para lograrlas y que no habíamos notado antes. ¿Te ha pasado alguna vez que tomaste alguna decisión y repentinamente empezaste a hacer conexiones útiles con personas y cosas que pudieran ayudarte? En el momento quizás hayas pensado que era una coincidencia, pero ¿qué tal si fuera tu SAR siguiendo instrucciones de tu mente consciente para buscar lo que necesitabas? Por ejemplo, cuando consideras comprar un modelo determinado de auto, ¿has notado cómo empiezas a ver ese modelo por todas partes? Quizá te has preguntado, con razón, si estaban antes o no. Si tienes hijos, ¿recuerdas cuando tú o tu compañera quedó embarazada por primera vez y empezaron a ver bebés y carriolas por todas partes?, ¿de dónde salieron todas y tan de repente?

Ten cuidado en lo que te enfocas

Por el contrario, si te concentras en lo que *no* quieres, tu SAR hará un excelente trabajo para conseguírtelo. ¿Alguna vez has probado decirle a un niño: "no toques"? El cerebro de los niños no puede procesar una negación, así que se concentran en la palabra *tocar*, por lo que van y tocan. Si quieres perder peso y te enfocas en "no engordar", ¿adivina qué? Tu SAR se concentrará en estar gordo y hacer un buen trabajo para ti. Si te concentras en "no tener deudas", tu SAR se enfocará en la deuda y la atraerá. Si ves una montaña de deudas y te sientes muy mal por ello, esa señal estarás enviando al universo. Si te enfocas en lo que no quieres, tu SAR será muy obediente. Cuando piensas en lo que no quieres y te concentras en ello de manera intencional, entonces tu SAR te dará exactamente lo que quieres, todas las veces. Cuando te concentras en algo sin importar lo que pueda ser, realmente estás generándolo, ¿captas?, así que se convierte en una **profecía que se cumple a sí misma**. Tú puedes elegir justo ahora, ¿quieres creer que las cosas sencillamente suceden y que es cuestión de suerte lo que te ocurre?, ¿o quieres creer y saber que tu experiencia de vida está en tus propias manos y que lo bueno puede llegar a tu vida gracias a la forma en que piensas y en qué te concentras? Nadie deliberadamente atraería nunca lo que no quiere a su vida, simplemente llega por una falta de conciencia. Para ti, esto ha cambiado para siempre porque no puedes desaprender lo que sabes ahora.

Si no me crees, haz este experimento con un niño. Dile lo que debería hacer **en lugar de** lo que no y observa la diferencia en su comportamiento. ¡Padres y maestros se pierden un buen truco si no hacen esto! Un amigo me pidió que lo acompañara a su capacitación de habilidades de presentación para revisar su programa y darle retroalimentación. El primer día dijo a sus estudiantes 80 veces (las conté) que no hicieran algo: "no se muevan", "no agiten los brazos", "no entren en pánico si se olvidan de lo que tienen que decir". Al día siguiente, después de mi retroalimentación, los estudiantes lo hicieron mucho mejor y la diferencia fue que ahora les dijo lo que tenían que hacer en lugar de lo que no: "quédense quietos", "dejen los brazos a los lados", "mantengan la calma si olvidan lo siguiente que tienen que hacer".

Si no tienes metas en tu vida, entonces tu SAR no tiene nada que buscar. Si cambias de una cosa a la siguiente sin ningún enfoque, tu SAR no tiene instrucciones claras de qué buscar para ti. Estoy segura de que todos conocemos gente que lleva una vida caótica, sin establecerse durante mucho tiempo. Quizá tu vida ha sido así hasta este momento. Ahora no hay más excusas. Haz que tu SAR trabaje para ti, ya que lo hace bien. Usa los 126 bits de información que entran en tu sistema nervioso cada segundo de tu vida para enfocarte en lo que quieres.

En el capítulo 3 hablé de dejar ir los detalles específicos de cómo lograr tu meta, porque de otra manera limitarás las oportunidades que el SAR pueda presentarte. Veamos otra vez por qué también es importante soltarlo si no está bien para ti no lograr tu meta. Como mencioné en el capítulo 3, esto puede sonar contradictorio a lo que dije antes respecto a una meta que sea convincente. Sin embargo, como ya hice notar, si no está bien para ti no lograr tu objetivo, te concentrarás en la ansiedad por no lograrlo. Si te enfocas y prestas atención en lo que no quieres, es probable que atraigas exactamente eso hacia ti. Podemos entender ahora cómo ocurre eso porque tu SAR sólo te presentará la evidencia para confirmar que ¡tenías razón todo el camino y eso será el fin!

Matthew. Concentrarse en las cosas peligrosas

Hace poco tuve un cliente que vino a verme después de haber perdido un negocio exitoso. El negocio había caído en bancarrota después de que, al principio, había sido muy rentable. Mientras me contaba la historia de lo que había ocurrido me di cuenta por su forma de hablar de cómo había empezado a preocuparse por perder la compañía después de que hubiera despegado tan rápido y tan bien. Casi era como si fuera demasiado bueno para ser verdad para él y empezó a obsesionarse con perderlo todo. No pasó mucho tiempo antes de que dejara de observar los éxitos de su empresa y se enfocara sólo en aquellas cosas que no iban según lo planeado. Perdió el negocio.

Supresiones, distorsiones y generalizaciones

Antes hablé de nuestros filtros principales, aquellos que distorsionan, borran y generalizan la información que llega a nuestro sistema nervioso. Así que, ¿qué ocurre específicamente cuando borramos, distorsionamos y generalizamos la información?

Supresiones

Divirtámonos un rato. Lee el texto del siguiente triángulo.

Lo más probable es que hayas dicho "un pájaro en el arbusto". Si es lo que dijiste entonces no te diste cuenta de que la palabra *el* se repite dos veces. ¡Vuelve a mirar! Tu cerebro no espera ver el segundo *el* allí y, por lo tanto, lo suprime.

Segunda prueba. Cuenta cada *e* del siguiente texto:

LOS ARCHIVOS TERMINADOS SON EL RE

SULTADO DE AÑOS DE ESTUDIO CIENTÍ

FICO COMBINADO CON LA

EXPERIENCIA DE LOS AÑOS...

El que haya contado las once *e* a la primera es un genio. Lo normal es que sean ocho. Nueve es bastante raro. En este ejemplo, el cerebro no procesa la palabra *de*, esto es, la suprime.

Si te pidiéramos ahora mismo que pensaras en qué sientes al estar sentado en tu silla, inmediatamente te harías consciente de la sensación del asiento y de tu espalda en contacto con el respaldo, aunque previamente hubieras suprimido esta información por considerarla "inútil".

Nuestra capacidad de suprimir partes del aluvión de información es esencial para nuestra supervivencia. La pregunta interesante es: ¿qué estás suprimiendo actualmente, pero que necesitas prestarle atención para lograr tus metas?, ¿de qué posibilidades no te has percatado todavía, que harán la diferencia entre el éxito y no llegar nunca a él?

Generalizaciones

Usamos las generalizaciones para acelerar el proceso de aprendizaje. Una de las grandes ventajas de la PNL es que resiste las generalizaciones y nos anima a tomar cada contexto por sus propios méritos. Sin embargo, para la mayoría de las personas, las creencias impulsan todas sus acciones, y las creencias están moldeadas por las generalizaciones. Entonces, dichas creencias llegan a ser limitaciones para tomar decisiones futuras acerca de quién eres y de qué eres capaz. Por ejemplo, si has pasado por una relación decepcionante, quizá creas ahora que todas tus relaciones futuras serán igual. Tu estado emocional y fisiología reflejarán esto, así como tu comportamiento y resultados. No es probable que atraigas a la persona correcta o que una relación funcione bajo esas condiciones. Quizá ahora creas que no eres lo suficientemente bueno para lograr tus metas porque tus padres o profesores te dijeron eso en el pasado; debido a tu generalización, tu SAR sólo tomó nota de las veces en las que no lograste lo que querías. Deja pasar los ejemplos de cuando tuviste mucho éxito. ¿Qué generalizaciones tienes acerca de ti mismo que repercutirán en tus metas hasta que trabajes en ellas?, ¿usas frases como "yo nunca..." o "yo siempre..."? Trabajaremos en relación con esto en el capítulo 5.

Distorsiones

Damos significados a cosas que son nuestras "lecturas de mente". El problema es que luego las confundimos con la realidad. Por ejemplo, mi gerente de banco me miró sin interés cuando le pedí un préstamo. Pude considerar eso como una señal de que él rechazaría mi solicitud; sin embargo, podría ser que sólo quería salir antes del trabajo... ¡Nada que ver con mi solicitud! Algunas veces interpretamos de manera arbitraria la realidad y terminamos distorsionando su significado. Damos significados que no existen y terminamos haciendo suposiciones. Una mirada o un gesto pueden tener miles de significados y es fácil interpretar el equivocado. Las distorsiones pueden interferir en el camino de nuestras metas cuando adjudicamos el significado equivocado a temas importantes. ¡Descubre que preguntar es un medio más preciso! Las personas que tienen el mayor éxito verifican las cosas, dicen las cosas como son, y no temen dar y pedir retroalimentación para obtener una información más precisa.

La mente inconsciente

Llegados a este punto es probable que sea el momento de decir algo en torno a la mente inconsciente y por qué es importante para la PNL. El *inconsciente* se refiere a esa parte del funcionamiento mental que a menudo ignoramos. Por definición, nuestro inconsciente incluye la mayor parte de lo que simplemente no es consciente. Esto incorpora lo que es activamente reprimido del pensamiento consciente, como emociones negativas y experiencias dolorosas, así como nuestros recuerdos y nuestros verdaderos sentimientos acerca de las cosas. Se cree que la mente inconsciente contiene todos nuestros recuerdos de todo lo que alguna vez hemos experimentado. No podemos mantener esa información de forma consciente, o de otra manera nos veríamos rápidamente sobrecargados de información. Nuestra mente inconsciente a menudo nos presenta cuestiones que hay que resolver. Recuerda la última vez que te vino a la cabeza algo importante, ésa es tu mente inconsciente haciéndote consciente de las cosas. Por ejemplo, si tomas una decisión consciente relativa a algo sobre lo que tienes un sentimiento negativo, ese es tu inconsciente poniéndote en aviso de las cosas. A menudo los pensamientos de las cosas a las que tenemos que prestar atención llegan a nuestra mente durante el día y en forma de sueños, llegan de un nivel inconsciente. Si ignoramos estos avisos, la mente inconsciente a menudo se presentará de formas más serias, a veces mediante enfermedades. La PNL nos enseña a prestar atención a nuestra mente inconsciente y a confiar en las señales que nos da. Te recomiendo desarrollar tu percepción intuitiva o conocimiento inconsciente. Cuando aprendas a confiar en tu mente inconsciente comenzarás a reconocer los mensajes que provienen de tu cuerpo en respuesta a nuevas personas, situaciones, lugares e ideas. Tu mente inconsciente nunca miente. Escondida, como el hombre detrás de la cortina de *El mago de Oz*, dirige tus pensamientos, tus sentimientos y tu salud.

El vínculo entre la mente y el cuerpo

En los últimos 30 años, los científicos han descubierto un vínculo innegable entre la mente y el cuerpo. El vehículo que la mente y el cuerpo utilizan para comunicarse entre sí es la química de las emociones. Las sustancias químicas en cuestión son moléculas, cadenas cortas de aminoácidos llamadas *péptidos* y *receptores*, y se creen que son el equivalente bioquímico de la emoción. Los péptidos pueden encontrarse en el cerebro, pero también en el estómago, músculos, glándulas y en todos los órganos importantes. Su función es enviar mensajes de un lado a otro.

Cada segundo de nuestra vida, nuestras células escuchan a escondidas nuestros pensamientos. Así que nuestras emociones tienen una decidida influencia en nuestra salud ya que los neuropéptidos y sus receptores están en comunicación constante con el sistema inmune. Los virus utilizan los mismos receptores para entrar en las células, como lo hacen los neuropéptidos que liberamos cuando experimentamos estados de ánimo elevados. ¿Es ésta la razón por la que las personas deprimidas tienden a enfermarse más a menudo mientras que aquellas que son felices y relajadas permanecen sanas?, ¿es por eso que si nos sentimos enfermos y tenemos que guardar cama, y se produce la llamada de esa persona que hemos esperado durante meses, pidiéndonos una cita, en minutos estamos en un estado de ánimo diferente, listos para salir? Esto se debe a que los neuropéptidos inundan las moléculas de los virus y liberan energía que nos ayuda a sentirnos mucho mejor. Parece que nuestra salud refleja las emociones que sentimos y las emociones siguen a los pensamientos que tenemos. Algo sobre lo que reflexionar...

Darle sentido a todo esto

Permíteme atar todos estos hilos. En este capítulo hemos explorado el vínculo entre nuestros pensamientos, nuestro estado emocional, nuestra fisiología, nuestro comportamiento y finalmente nuestros resultados. Nunca podemos experimentar el mundo exterior en su sentido más puro, ya que siempre percibimos los acontecimientos externos a través de nuestros filtros personales. Todo el mundo tiene filtros diferentes, así que experimentamos los acontecimientos de distintas maneras.

Dado que nuestro sistema nervioso no puede procesar las negaciones, es muy importante enfocarse en lo que uno quiere en lugar de en lo que no. Si te enfocas en la cosa equivocada entonces obtendrás la cosa equivocada.

Nuestro cerebro tiene la capacidad de procesar enormes cantidades de información cada segundo de vida. Debemos tener metas para dar a nuestra mente inconsciente y a nuestro SAR algo en qué trabajar. El propósito de tu SAR es esencial en el proceso de consecución de los objetivos, ya que buscará las personas, la información y los acontecimientos que te sean de mayor utilidad. Las metas dan a tu SAR algo en qué concentrarse. Si no tienes un objetivo irás a la deriva por la vida y tus resultados se verán afectados negativamente.

La calidad de tus pensamientos tendrán también un efecto en el bienestar de todo tu ser, no sólo de tu mente. Ya que tus células escuchan a hurtadillas todos tus pensamientos, es esencial que éstos y tus emociones ayuden a tu sistema. Las células humanas han evolucionado a un estado tremendo de inteligencia. Imagina si pasaras tu vida enfocándote en pensamientos o sentimientos negativos, ¿qué sugerencias dañinas estarías dando al resto de tu cuerpo?

Consejo: Nada tiene ningún poder sobre ti más que el que le das por medio de tus pensamientos diarios.

Capítulo 5

"Toda causa tiene su efecto, todo efecto tiene su causa; todo sucede de acuerdo a la ley. La casualidad no es sino el nombre de una ley no reconocida."

De *El Kibalión*

¿Resultados o excusas?
Asume la responsabilidad
de lo que realmente quieres

¿Qué hace la diferencia entre dos personas exitosas?, ¿qué hace que alguien sea de primera clase y otro sólo sea bueno? Esta es la pregunta que dejó perplejos a Richard Bandler y a John Grinder, creadores de lo que conocemos como PNL. Hicieron de ella el trabajo de su vida a fin de descubrir las respuestas. Una de las formas para responder, fue hallar modelos de excelencia y descubrir cómo hicieron lo que hicieron. Uno de los hallazgos clave se refería a lo que puede ser descrito como la *mentalidad del éxito*. ¿De qué manera crean su modelo del mundo las personas exitosas y en qué se diferencia del de otras personas? Los individuos exitosos no tienen menos problemas que quienes no lo son, pero sí tratan los problemas de diferente manera. No es la suerte lo que separa a los exitosos de los que nunca "la hacen", se trata de cómo perciben una situación y cómo responden a lo que ocurre; es esto lo que marca la diferencia. Éste es uno de los capítulos más importantes del libro, porque te mostrará cómo aplicar ese conocimiento en tu propia vida.

Piensa por un momento. ¿Cómo vives tu vida?, ¿ves generalmente el lado positivo?, ¿piensas que tu vida es dura y difícil? Estoy seguro que te resultará familiar la forma de ver el mundo conforme a la premisa "el vaso medio lleno o medio vacío". ¿Cómo lo ves tú?, ¿cuál es tu punto de partida, tu punto de vista? Algunas personas siempre verán una oportunidad en una nueva situación, mientras que otras sólo verán problemas. Depende de cómo lo mires. ¿Eres alguien que asume la responsabilidad de lo que le ocurre en la vida?, ¿eres de los que culpa a los otros o a las circunstancias de todo?, ¿te suena familiar?

Por ejemplo, ¿te reconoces a ti mismo como alguien que dice: "¡sí, vamos por todo!" o eres la persona que dice: "sí, me gustaría, pero…"? ¿Participas, te interesas y eres activo en lo que haces?, ¿eres zarandeado por los acontecimientos, te sientes fuera de control, impotente, una víctima? Yo le llamo a esto estar en **causa** o en **efecto**.

Vivir la vida en causa

Estar en **causa** o en **efecto** de lo que sucede a tu alrededor constituye la base de la *mentalidad del éxito*, elemento común en los famosos libros de desarrollo personal. El primero de los siete hábitos en *Los 7 hábitos de las personas altamente efectivas*, de Stephen Covey, es ser *proactivo*. Él dice que ser proactivo es asumir la responsabilidad de todo en la vida. Te suena conocido, ¿verdad? En *El poder ilimitado*, Tony Robbins dice que sin importar lo que suceda, uno debe asumir la responsabilidad. También menciona que "los triunfadores creen que sin importar lo que ocurra, sea bueno o malo, ellos lo crearon".

No creo que sea coincidencia que se oiga el mismo punto de vista una y otra vez. Los líderes exitosos hablan de estar en **causa** de una u otra forma, aunque puedan darle otro título o nombre.

El *Kibalión*, publicado en 1908, contiene los siete principios herméticos del éxito; estos principios fueron adaptados de la antigua sabiduría de las tradiciones egipcia y griega. El principio de causa y efecto abarca

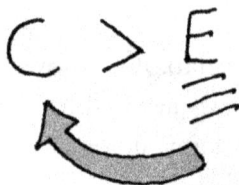

C > E

Resultados *vs.* Razones (excusas)

= Motivación

el hecho de que hay una causa para cada efecto que ocurre, esto implica que no existe tal cosa como la suerte y que nada ocurre porque sí.

En términos modernos, estar en causa significa que estás resuelto a crear lo que quieres en la vida y que asumes la responsabilidad de todo lo que ocurra, bueno o malo. Ves el mundo como un lugar de oportunidades y te mueves para lograr lo que quieres. Si las cosas no suceden como quieres, tomas medidas y exploras otras posibilidades; después de todo, sabes que tienes **elección** para hacer lo que haces y sobre la forma en que reaccionas ante las personas y los acontecimientos.

Simón. Seguir en el cuadrilátero

Simón había estado en una relación durante muchos años y tenía dos hijas adultas. Su relación se había ido deteriorando porque ninguno de los dos se había preparado para invertir el tiempo y la energía necesarios para que siguiera habiendo magia, ambos encontraban más fácil culpar al otro en lugar de asumir la responsabilidad personal de cambiar las cosas. Comenzó a tener aventuras frecuentes puesto que eso parecía ser la única forma de volver a poner emoción en su vida. A medida que el engaño y las mentiras crecían, se deprimió y perdió la chispa de la vida. Estaba en la zona horrible y su esposa lo amenazó con dejarlo. Se enfocó en lo que ambos necesitaban hacer para que la relación fuera un éxito y asumió toda la responsabilidad personal para hacer lo que fuera necesario con el fin de que las cosas volvieran al camino. Su esposa aceptó darle una última oportunidad. Se descubrió a él mismo comunicándose con su ella más de lo que lo había hecho en años, para elaborar lo que era importante para los dos entorno a la relación. Las cosas empezaron a mejorar y acaban de viajar a Francia para celebrar su 25 aniversario de boda.

Las preguntas son la respuesta

Las personas en causa viven su vida de una manera diferente. Esencialmente se retan a sí mismas con un conjunto diferente de preguntas.

Estas preguntas son también excelentes para ayudar a los demás a pasarse del lado de la causa en la vida. Sea lo que sea que pase en su vida, aquellos que están en la causa se preguntan a sí mismos:

"¿cómo me las he arreglado para crear esto en mi vida y con qué propósito?".

El poder de esto es que si te haces una pregunta diferente, obtendrás una respuesta diferente. Cuando planteo esta pregunta (a mí o a mis clientes) es asombroso lo que surge de la mente para dar una perspectiva nueva y motivadora de la situación. A menudo estas respuestas llegan directamente de nuestra mente inconsciente. Las personas en causa se motivan a sí mismas porque se hacen cargo del problema, no abandonan la oportunidad de encontrar una solución al culpar a los demás. Si te haces cargo del problema dentro de ti mismo, entonces siempre tendrás la oportunidad de encontrar una solución, ¿me explico?. Ésta es la forma más **motivadora** de llevar tu vida. Estar en causa significa que tienes elección en tu vida; por ejemplo, si estás en una relación que no está funcionando y culpas a la otra persona porque en tu modelo del mundo nunca hará nada bien, es probable que sigas atrapado en la zona gris y sigas sintiéndote miserable. Sin embargo, si estás en causa, asumes la responsabilidad de la relación, y si no está funcionando, sabes que tienes la posibilidad de elegir hacer algo diferente. Siempre hay elección para las personas que están en causa mientras que, por el contrario, a menudo sientes que no tienes ninguna si estás en efecto.

Las personas en causa toman más decisiones que la mayoría porque siempre están en una búsqueda proactiva de nuevas soluciones. La ley de probabilidad dice que no todo funcionará bien. Sin embargo, las personas en causa se hacen otra gran pregunta, en lugar de darse de golpes cuando las cosas no van exactamente como lo planearon. Se cuestionan:

"¿qué podría hacer de manera diferente la próxima vez?".

Esto los hace enfocarse en intentar algo distinto la siguiente ocasión en lugar de concentrarse en lo que hicieron mal. He observado que muchos de mis clientes de asesoría se quedan apegados en el mismo circuito de viejos comportamientos, creen que si algo no funciona bien la solución es seguir haciéndolo. Invierten más tiempo y dinero en algo que ya está comprobado que no funciona; llegan a ser como el hámster en la rueda, corriendo cada vez más rápido y sin llegar a ningún lado. La locura. Me gusta decir:

"si haces lo que siempre has hecho, obtendrás lo que siempre has obtenido".

Conocí a una mujer que dice que este mantra cambió literalmente su vida, y cambiará también la tuya. Preguntarte qué podrías hacer de manera diferente la próxima vez, te ayudará a romper viejos patrones de comportamiento.

Sally. Hacer algo diferente

Una de mis clientes se sentía muy decepcionada porque realmente le gustaba alguien, el padre del mejor amigo de su hijo. Sin compromiso, apuesto, elegante y con un excelente trabajo. Ella era una mujer atractiva y en el pasado siempre le había resultado fácil que los hombres se fijaran en ella, pero no éste... Y no era *gay*. Ella puso en práctica todos los trucos del libro: se puso ropa sexy, aparecía en todos los lugares en los que sabía que él iba a estar, encontraba excusas para invitar a su hijo a jugar, pidiéndole que pasara a tomar un café cuando llegaba a buscarlo. Nada funcionaba. Desesperada me pidió una sesión de asesoría. Escuché su historia y sólo tuve una cosa que decirle: "¡Haz algo diferente!". Todas sus estrategias habituales para atraer a los hombres no habían dado resultado, así que era el momento para una medida drástica. Me preguntó qué hacer y le di mi consejo normal para estas situaciones: haz lo contrario de lo que estás haciendo ahora. Por lo general, es un buen punto por el cual empezar. Aceptó mi consejo y empezó a ignorar a ese señor por completo. Se vistió normalmente cuando sabía que iba a verlo y dejó de invitarlo a tomar café. No pasó mucho tiempo antes de que él la llamara para saber si ella estaba bien. De hecho, le pidió salir a cenar para ver si estaba bien, ella dijo "no" la primera vez, pero finalmente salieron. Como quien dice, ¡el resto es historia!

Desde mi punto de vista, casi no importa lo que hagas en tanto hagas algo. Digo esto porque si emprendes alguna acción, aprendes de ella y cambias tu enfoque como corresponda. Crearás el impulso para obtener el resultado que quieres conseguir al final.

La PNL tiene una serie de hipótesis previas o supuestos que la fundamentan. Ellos proporcionan una gran guía acerca de cómo llevar tu vida a la motivación, no sólo por ti mismo, sino por quienes te rodean. Una de estas hipótesis es:

"no existe el fracaso, sólo la retroalimentación".

Esto significa que siempre que las cosas no salgan según lo planeado, no hay que enfocarse en lo que salió mal ni pensar en ello como un error. En lugar de eso, plantéate otra gran pregunta, que asegure que *aprendes* de la situación para que puedas avanzar más rápido y no crear el mismo patrón otra vez:

"¿qué hay que aprender de esta experiencia?".

Lo verdaderamente asombroso acerca de lo que se aprende es que, cuando lo asimilas, te lo garantizo, es posible dejar ir el pasado y avanzar. Esta forma de pensamiento nos permite dejar ir las cosas y avanzar mucho más rápidamente que la mayoría de la población, que a menudo permanece estancada en el pasado. Cuando hablamos respecto a lo aprendido, los conocimientos en juego deben venir en un formato particular para que funcionen.

Los conocimientos son siempre:

• para ti personalmente

• positivos

• para el futuro.

Fundamentalmente, lo que aprendes es para ti mismo porque no puedes controlar el comportamiento de nadie más. Es lo que *harás* de manera diferente en el futuro, no lo que no debes o no harás otra vez. Como vimos en el capítulo 4, esto enfocará tu atención en la dirección equivocada. Siempre es para el futuro, ya que el pasado ya ocurrió. Así, lo que aprendes cuando termina una relación podría ser: "en el futuro, aprenderé a disfrutar de la vida, a pasar tiempo conmigo mismo además de con los demás" en oposición a: "estaré triste a menos que pase tiempo con mi pareja". ¿Entiendes?

Confieso que vivir la vida en causa a veces parece más difícil que vivirla en efecto, porque estás exigiéndote cosas nuevas —tienes que ponerte en acción para hacer algo de una manera diferente— pero esto es bueno. De hecho, la vida llega a ser mucho menos estresante porque sabes que siempre hay una opción y que estás liberado de las excusas. Y si quieres salir de la zona gris, ésta es la forma en que necesitas manejar tu vida. Con esta mentalidad no puedes no lograr las metas que te fijaste, porque asumes la responsabilidad de lo que quieres, eres flexible y cuando las cosas no van según lo planeado, aprendes, avanzas rápidamente y tomas un enfoque diferente la próxima vez.

Vivir tu vida en efecto

Por el contrario, si estás en efecto culparás a los demás o a las circunstancias por tu mal humor, por lo que no has logrado o por tu vida en general. Te sentirás desmotivado y dependerás de los demás para sentirte bien contigo mismo o con tu vida. "Si tan sólo mi pareja, mi jefe, mis colegas, mis padres, mis hijos…, me entendieran y me ayudaran a lograr mis sueños o hicieran lo que yo quisiera o lo que es mejor para mí, entonces la vida sería fantástica, etcétera". Si esperas y crees que las cosas sean diferentes o que los otros se hagan cargo de tu bienestar, estás en efecto, es decir, eres una víctima de las circunstancias. Y, en realidad, ¿qué tiene eso de divertido?, ¿y qué tan divertido crees que sea para los demás estar cerca de alguien como tú que siempre se está quejando de sus problemas?

Creer que el responsable es otro o hacerlo responsable de tu felicidad o de tus diferentes estados de humor, es muy limitante y otorga a esa otra persona cierto poder místico sobre ti, lo que puede causarte mucho dolor. Nadie puede *obligarnos* a hacer o sentir algo. Reaccionamos al comportamiento de los demás y podemos elegir cómo lo hacemos. Por ejemplo, si oigo a uno de mis clientes decir algo como "me hace sentir triste", le pregunto: "¿cuál es ese comportamiento que él tiene que hace que tú elijas sentirte triste?", esto regresa a la persona a estar en causa, donde puede decidir en torno a cómo reaccionar y comportarse. Las personas en efecto ceden su poder porque siempre buscan fuera de ellas mismas para encontrar la solución. Aquellos que viven su vida en efecto a menudo se consideran víctimas o viven su vida como tales, porque creen que no tienen elección. La ironía es que la tienen y que decidieron no elegir, sino ser reactivos a cualquier cosa que se les dé, ¿qué te recuerda esto? Las personas en la zona gris tienden a estar en efecto porque no creen que sea posible vivir la vida de otra manera. ¡Aquellos que están en causa son los que siguen su camino a la zona absolutamente brillante!

En la vida obtienes una de estas dos cosas:

el resultado que quieres
o
montones de razones por las que no obtuviste el resultado.

Esto es lo que se conoce como el modelo de resultados frente a razones. Los que están en el lado de la causa del escenario se concentran en los resultados y aquellos en el lado del efecto se enfocan en encontrar suficientes razones para seguir en el atolladero. ¿Qué son *razones?*, la otra palabra para decir **excusas**. Una excusa siempre va detrás de la palabra *pero*. Por ejemplo, "me encantaría poner mi propio negocio, pero no sé lo suficiente". Las excusas te mantienen en la zona gris, te mantienen cómodo. La ironía es que si creas suficientes excusas para no

Tom. No es culpa mía

En los últimos tres meses Tom había acudido a once a entrevistas para conseguir un nuevo empleo. Se sentía frustrado porque siempre lo rechazaban. Cuando me describió las entrevistas, realmente resaltaba una cosa en su forma de hablar: nunca era culpa suya, se sentía mal, el comité de entrevistas estuvo en su contra desde el principio, había un candidato interno, le hicieron las preguntas equivocadas. La lista era interminable. Como él nunca tenía la culpa, no reflexionaba en lo que había aprendido (sus *conocimientos*, como los llamamos) de cada entrevista. Estaba en el lado efecto de sus experiencias de entrevistas. Su desafío era pasar al lado de causa del escenario y empezar a asumir la responsabilidad de lo que estaba pasando.

obtener tu resultado todavía caminarás con orgullo dándote palmaditas en la espalda. ¿Qué tan extraño es eso?

Recuerdo haber participado en un taller con algunos miembros de alto rango del personal de las fuerzas armadas. Todos los participantes eran hombres y yo estaba en el proceso de explicarles el modelo de resultados *vs.* razones cuando me di cuenta de que la cara de un brigadier de la mesa del frente se estaba poniendo cada vez más colorada.

Al final ya no pudo contenerse más. Se puso de pie y levantando la mano con educación, me dijo: "¡Pero Lindsey, en las fuerzas armadas tenemos muy buenas razones!"

No importa si las razones son consideradas buenas o no. Al final del día obtienes tus resultados o tus razones/excusas. No hay término medio, nadie puede asumir la responsabilidad de tu cambio excepto tú. Yo puedo ser tu guía en este viaje, pero tú tienes que actuar. En mis programas de PNL, los participantes por lo general esperan que yo los "arregle". A menudo se sienten contrariados cuando se dan cuenta de que ellos tienen que *hacer* algo diferente si quieren algo diferente.

Si creemos que somos los creadores de nuestro propio universo, entonces estaremos motivados para seguir y hacer algo distinto si a la primera no obtenemos el resultado que queremos en nuestra vida. Creo que podemos usar la causa y efecto como un modelo para todas las áreas de nuestra vida y para todas las experiencias, incluyendo, a menudo, la enfermedad.

Sanar nuestra vida

Creo que la enfermedad puede ser una metáfora para lo que ocurre en nuestro cuerpo emocional. El tipo de enfermedad a menudo representa la experiencia emocional importante por la que la persona está pasando en ese momento. Nuestros pensamientos repercuten en nuestro cuerpo así que esto no es sorprendente. Si puedes descubrir lo que dispara la enfermedad y sanarla, ésta quizá desaparezca espontáneamente. Sé que suena exagerado pero he sido testigo de tantos de estos ejemplos que creo que sí ocurre. Aquí te muestro un ejemplo.

La historia de Sonia

Sonia sufría sordera desde temprana edad. Utilizaba auxiliares auditivos en ambos oídos. Durante una sesión de avanzada le preguntaron qué era lo que ella no quería oír en su vida. Ella se había visto influenciada por una serie de hombres dominantes, primero su padre, luego sus hermanos y luego su esposo. Quería liberarse y no sabía cómo. Lo realmente interesante fue que dijo que le encantaba ir sola al cine y que, cuando estaba ahí, se quitaba los auxiliares y podía oír. Cuando le preguntaron por qué le encantaba tanto el cine, contestó que porque allí tenía algo de paz, lejos de los aconteceres de su vida diaria y, por supuesto, de los hombres dominantes de su vida. El proceso de la sesión de avanzada le permitió pasar al lado de la causa de la ecuación al entender por qué había elegido crear este problema que parecía sordera y con qué propósito. Contestar las preguntas de este capítulo le ayudó a conocerse personalmente. Utilizando otra técnica llamada terapia de la línea de tiempo, desarrollada por Tad James en la década de 1980, pudó liberarse de la decisión inconsciente de ser sorda, que había tomado cuando era joven. Por supuesto, no tomamos estas decisiones conscientemente, eso sería una locura; nuestra mente inconsciente tiene el hábito de crear situaciones que nos resuelvan los problemas. Esta mujer fue hostigada por los hombres de su vida y así su mente inconsciente la protegía no permitiéndole oír en ninguna lugar, excepto en el cine.

Al final de la sesión, tuvo el valor de quitarse los auxiliares y descubrió que podía oír otra vez. Yo fui testigo de todo esto con mis propios ojos. Su mejor amigo y compañero de viaje era un médico y no podía creer lo que había visto. Fue también una maravillosa forma de convencer a todos los participantes del poder de la mente y del poder de estar en causa en tu universo.

Conseguir los conocimientos

Mis estudiantes constantemente me preguntan si siempre vivo mi vida en causa. La respuesta es que la gran mayoría del tiempo aspiro a vivirla ahí y, gracias a la PNL, puedo identificar rápidamente aquellos momentos en los que la vivo en efecto. Para volver al camino, me concentro en lo que he aprendido y en seguir adelante.

Sin embargo, el universo tiene la costumbre de probarnos a todos, y he aprendido cosas valiosas al hacerme las preguntas que he compartido contigo en este capítulo.

Hubo un tiempo en el que mi pareja me dijo que sus sentimientos hacia mí habían cambiado y que quería terminar nuestra relación.

Yo creía totalmente que él era el amor de mi vida y que estaríamos juntos para siempre. De hecho, él me había hablado de matrimonio casi desde que nos conocimos y yo me sentía más feliz con él de lo que había sido en toda mi vida. Odiaba estar separada de él, lo que ocurría con regularidad porque él vivía en el extranjero. Es también capacitador de PNL, y así nuestras vidas personales y profesionales llegaron a estar entrelazadas de una manera espontánea y emocionante. El potencial para nuestro futuro era asombroso, como cuando hablábamos de dónde viviríamos y cómo desarrollaríamos nuestras empresas juntos. Nuestras vidas personales y profesionales estaban tan enredadas que había llegado a depender de él para la creación de todos mis sueños. Cuando terminó nuestra relación sentí que toda mi realidad y mis sueños desaparecían de la noche a la mañana. Me pregunto si alguna vez has experimentado algo parecido. Es muy aterrador cuando toda tu realidad puede romperse con dos pequeñas palabras como "se acabó". Cuando triste reflexioné acerca de la situación, me di cuenta de una serie de cosas.

Había llegado a depender totalmente de él para mis sueños y mi felicidad. Todo en mi vida había llegado girar en torno a él. Yo era realmente feliz sólo cuando estábamos juntos; me di cuenta de que estaba totalmente en el efecto de sus acciones y eso me horrorizó. Me había desmotivado a mí misma por las decisiones que había tomado, porque tenía miedo de estar sola.

No fue una experiencia cómoda, especialmente porque yo había creído hasta ese momento que vivía mi vida en el lado de causa de la ecuación. Como la creadora de mi universo, asumí toda la responsabilidad por el rompimiento de nuestra relación; fue una de las experiencias más duras de toda mi vida. Tengo que decirte que hubiera sido mucho más fácil haber permanecido en el lado del efecto y haberlo culpado de todo, es decir, convertirlo en el villano de la obra, conmigo en el papel de víctima. Admito que me sentí así durante un tiempo, pero no por mucho, ya que sabía que había una oportunidad para que yo creciera a partir de esta experiencia. En lugar de eso, decidí dedicarme un tiempo a sacar los conocimientos de la situación, ya que realmente quería romper los patrones de mi pasado para poder estar abierta a una relación nueva y diferente en el futuro.

Ahora tienes una oportunidad de vivir tu vida en causa durante un mes. Al principio, si no estás seguro de qué hacer, sólo finge, actúa "como si". Disfruta la experiencia y reflexiona respecto a lo que aprendes.

Ejercicio 10

Vivir la vida en el lado C

Durante el próximo mes actúa como si estuvieras en la causa de tu universo. Asume la responsabilidad de todo lo que te ocurra. Pregúntate cómo elegir crear situaciones en tu mundo y con qué propósito. Descubre lo que hay que aprender de cada situación y déjala ir.

Recuerda: plantéate una pregunta diferente y obtendrás una respuesta diferente.

Escribe lo que has aprendido de vivir la vida en causa.

Consejo: Mantente en causa en todo lo que haces y observa la magia en la vida a medida que nada queda para que el azar o los demás lo logren en tu nombre.

6

Capítulo

"Nadie puede hacerte sentir inferior sin tu consentimiento."

Eleanor Roosevelt

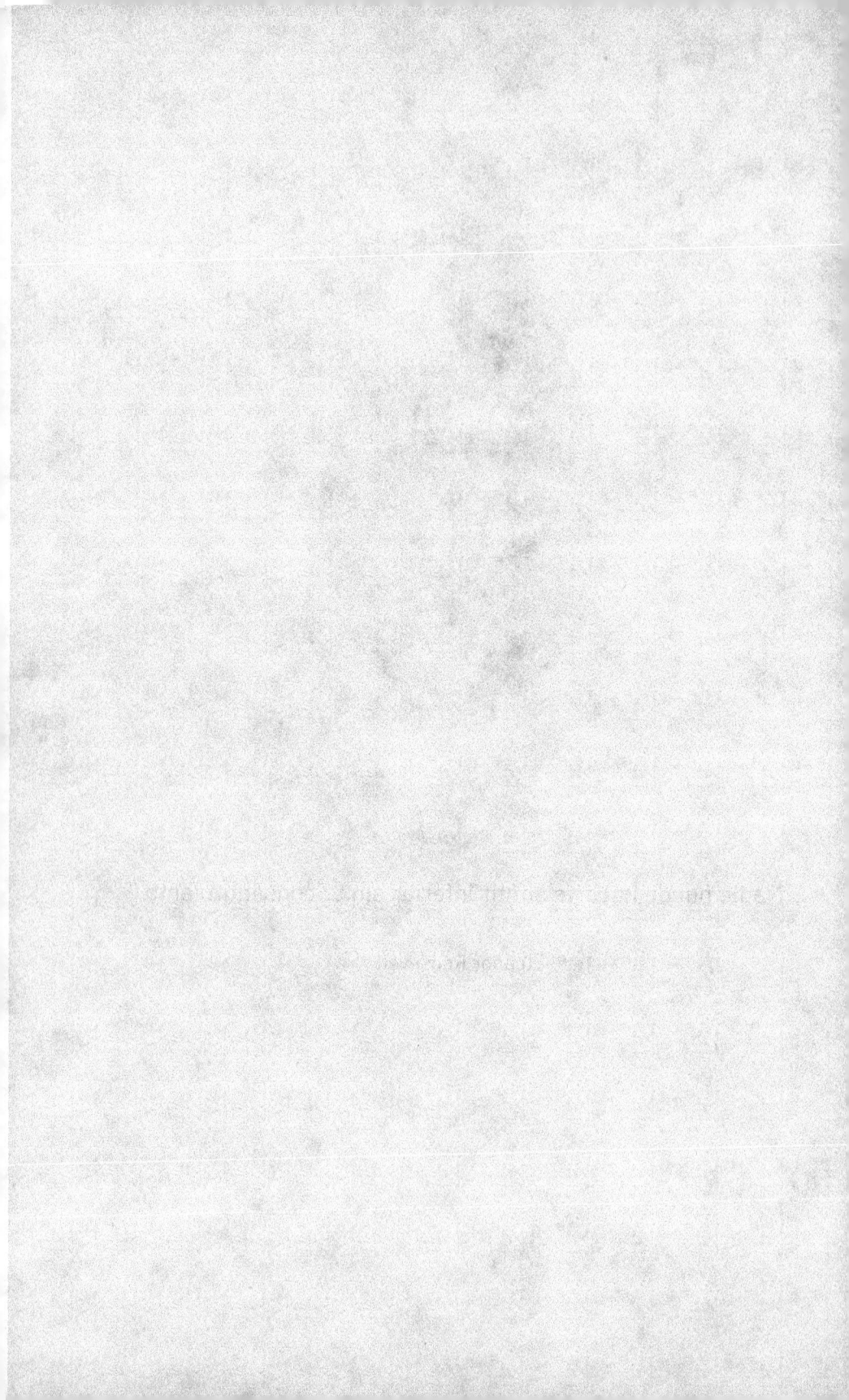

Cree que puedes

Gracias al capítulo 4 sabemos lo importante que es concentrarse en lo que queremos lograr. Hay otra cuestión importante en esto. Si adoptaras todos los principios que hemos visto hasta ahora, esto es, fijarte metas, enfocarte en lo que quieres, vivir la vida en causa, ¿sería suficiente para garantizar el éxito? Bueno, eso depende de lo que creas acerca de ti mismo. Por ejemplo, ¿qué ocurriría si fuera detrás de mi meta de establecer una compañía? Me enfoco en mi éxito y asumo la responsabilidad de todo lo que ocurre en mi vida. Hasta aquí todo va bien. Pero si en un nivel inconsciente creo que las personas de mi familia nunca van a lograr nada, ¿qué me hará eso? Dado que nuestras ideas moldean lo que creemos que es posible, mi idea inconsciente me llevará a una incongruencia con mi objetivo. De alguna manera, terminaré saboteando mis resultados; es probable que ignore las muchas oportunidades que se crucen en mi camino porque mi creencia me lleva a ejecutar un patrón que dice que será realmente difícil o incluso imposible para mí lograr el éxito.

Constantemente me asombra la cantidad de empresas que hacen que su personal asista a algún programa de capacitación y esperan que éste tenga un efecto duradero en la gente. Por ejemplo, un vendedor enviado a un curso para mejorar sus habilidades de ventas, aprenderá nuevas herramientas y técnicas. Esto puede afectar su comportamiento a corto plazo pero a menudo no dura mucho, ¿por qué? Porque si de alguna manera cree que nunca va a ser un vendedor brillante eso limitará el resultado de la capacitación. Puede ser mejor durante un tiempo y luego sus creencias limitantes respecto a sí mismo empezarán a regresar silenciosamente. ¿Entiendes lo que te digo hasta aquí? Dado que en nuestro viaje es esencial enfocarnos a lo que queremos en nuestra vida, para entender nuestro propio sistema de creencias y su consecuencia en nuestras metas, tendrás que cambiar dichas creencias para que estén totalmente alineadas con tus metas. Te enseñaré cómo.

¿Qué son las creencias?

Nuestras creencias son puntos de vista acerca de nosotros mismos, otras personas y situaciones que sostenemos que son verdaderas. Son puntos de vista que se sostienen con emociones, no con hechos. Son sentimientos de certeza que tenemos acerca de algo. Por ejemplo, si crees que eres delgado, lo que realmente estás diciendo es que tienes un sentimiento de certeza de que eres delgado. Por el contrario, si te falta la creencia o, en otras palabras, tienes una creencia limitante de que eres delgado, es probable que te contengas.

El sociólogo Morris Massey en su libro *People Puzzle — Understanding Yourself*, describe el periodo entre los cero y siete años de edad como el periodo en que se forman nuestras creencias, las cuales son moldeadas por las personas clave de nuestra vida, por ejemplo, padres, profesores, líderes religiosos, familiares cercanos, etcétera. En realidad, gran parte de nuestras creencias son generalizaciones que construimos a partir de las experiencias de la vida. La mayoría de nosotros no de-

Bridgit. La conciencia es el primer paso hacia la recuperación

Bridgit había establecido su propio negocio pero, a pesar de algunos éxitos, la empresa no alcanzaba todavía su potencial y se encontraba peligrosamente cerca de tener que cerrarla. Ella acudió a mí para una sesión de avanzada, ya que no podía entender por qué el éxito le resultaba tan esquivo y era tan difícil lograrlo cuando lo veía cerca. Durante su sesión trabajé con ella en torno a sus creencias limitantes. En el interrogatorio quedó claro que sus padres eran muy religiosos y de hecho siempre habían tenido un punto de vista diferente respecto al dinero. Ellos creían que éste era la raíz de todo lo malo y esto a menudo lo discutían delante de mi clienta y de sus hermanos y hermanas. En consecuencia, siempre que ella se acercaba a hacer dinero con su empresa inconscientemente saboteaba el proceso. Una vez que la ayudé a estar más consciente de lo que estaba pasando, pudo empezar a desafiar y cambiar esa vieja creencia. Al final resultó que para ella hacer dinero era algo bueno y en tres meses duplicó su facturación del año anterior.

cidimos conscientemente lo que creeremos, sino que recibimos generosamente a edad temprana nuestras creencias por parte de las figuras parentales influyentes y, una vez que las asumimos, olvidamos que pueden cambiarse y se convierten en nuestra realidad. Rara vez retamos las creencias que mantenemos durante mucho tiempo, y llegan a ser un filtro mediante el cual cribamos todas las expectativas y experiencias de nuestra vida.

¿Cómo generamos las creencias?

Cuando pienso en las creencias me acuerdo de una metáfora referente a una nueva casa construida con ladrillos que se van colocando encima de los cimientos. Del ejemplo anterior, "el dinero es la raíz de todo lo malo" sería el cimiento de la creencia que se generó por un punto de vista que esa familia mantuvo de manera rígida. Después, nosotros empezamos a reunir ladrillos o *experiencias de referencia* (como acuñó Tony Robbins) para apoyar esos cimientos. Cuantos más ladrillos apilamos, más se fortalece la creencia. Mi cliente empezó a filtrar información de acuerdo a la creencia de que "el dinero es la raíz de todo lo malo". Cada uno de sus ladrillos era un ejemplo de dónde se había reforzado esta creencia por una experiencia que había visto, oído, sentido, etcétera. Por ejemplo, otras personas, un programa de televisión, un artículo en el periódico, un libro o una película, apoyaban la idea. No pasó mucho tiempo antes de que su sistema de activación reticular atrayera a su atención sólo las pruebas de que la creencia era verdadera. Su SAR actuaba como un par de lentes polarizados de "el dinero es la raíz de todo lo malo". Perdió otras oportunidades para ver el dinero bajo una luz diferente porque quedaban fuera de su conciencia. Una vez que cambió esa creencia empezó a darse cuenta de manera fácil y sin esfuerzo de las nuevas oportunidades que se cruzaban en su camino.

Las creencias a menudo se mantienen en los niveles más profundos de la mente inconsciente. Se ven sumamente influidas por el comportamiento de las personas importantes en nuestra vida, con frecuencia por nuestros padres, antes de los siete años de edad. Una forma de desentrañar tus creencias limitantes es reflexionar en la actitud de tus padres respecto a las relaciones, el dinero, el sexo, etcétera. Quizá estés repitiendo su modelo de manera inconsciente o rebelándote en contra de su comportamiento.

Las creencias limitantes en torno a nosotros mismos actúan como una profecía que se cumple a sí misma. Esto lo sabemos del análisis que hicimos en el capítulo 4 acerca de obtener aquello en lo que uno se concentra. Si nuestras creencias nos limitan, actuamos de tal manera que nos probamos nuestras creencias. Sin embargo, si tenemos creencias motivadoras actuamos y nos comportamos de una manera que libera nuestro potencial y nos permite ser nuestro auténtico yo. Analicemos el efecto de nuestras creencias en nuestros pensamientos y nuestras acciones con el ejemplo 1.

Ejemplo 1

Creencia

• No puedo ponerme en forma

Resultado

No quiero estar gordo

⇓

Preparo mi programa de ejercicios

⇓

Me inscribo en el gimnasio y empiezo a practicar de manera regular

⇓

Después de un par de semanas comienzo a ponerme excusas para evitar hacer ejercicio

⇓

Cada vez hago menos ejercicio

⇓

Me siento desmotivado cuando veo que mi físico no mejora

⇓

Cada vez estoy más fastidiado conmigo mismo

⇓

Cuando estoy fastidiado como más

⇩

Incluso empiezo a engordar y tengo peor físico que cuando empecé

⇩

Me demuestro mi creencia

Ejemplo 2

Creencia

- Creo que puedo ponerme en forma fácilmente

Resultado

Visualizo lo bien que me veré y me sentiré cuando esté en forma

⇩

Preparo mi programa de ejercicios

⇩

Me inscribo en el gimnasio y empiezo a ejercitar de manera regular

⇩

Me siento emocionado y motivado cuando me doy cuenta de que mi cuerpo va cambiando

⇩

Observo que mi peso empieza a disminuir

⇩

Me siento bien conmigo mismo y estoy deseando mostrar mi nuevo yo

⇩

Me compro ropa nueva para recompensarme

⇩

Continúo poniéndome en forma

⇩

Alcanzo mi objetivo de físico y peso

⇩

Me demuestro mi creencia

¿En qué ciclo estás en este momento? ¿Dedicas tu tiempo a concentrarte en tus creencias limitantes o en las motivadoras?

El poder de nuestras creencias

Otra cuestión de la importancia de las creencias es su efecto potencial en nuestra salud y en nuestro proceso de envejecimiento. En *Cuerpos sin edad, mentes sin cuerpo*, Deepak Chopra escribió que las personas envejecen y mueren porque ven que otros así lo hacen. Norman Cousins, quien desarrolló la terapia de la risa, proponía que "la creencia crea la biología". Nuestra expectativa heredada es que nuestro cuerpo se desgastará con el tiempo y que estamos destinados a sufrir, envejecer y morir. Chopra estima que, sin las influencias negativas del exterior, nuestro cuerpo puede durar entre 115 y 130 años antes de que el proceso de envejecimiento finalmente lo apague.

Los indios tarahumaras de México son un ejemplo interesante de lo que puede ocurrir cuando una tribu vive alejada del resto de la sociedad y de las influencias externas; existen unos 4 mil de ellos esparcidos en pequeñas aldeas en remotos cañones y montañas. Ellos se nombran *rarámuri* o "corredores de a pie"; correr ha sido siempre una parte esencial de su cultura ya que es la única manera que tienen de trasladarse. En 1993, Victoriano Churro ganó la ultramaratón, la Leadville Trail 100. Este es el maratón más extenuante de Estados Unidos porque casi toda la carrera transcurre a alturas de más de 3 mil metros. Corrió con sandalias hechas de correas de cuero y clavos. Lo interesante es que Victoriano tenía 55 años de edad cuando ganó la carrera. Los tarahumaras creen que los corredores no alcanzan su mejor momento hasta que se acercan a los 60 años y esto es lo que generan en su tribu. Los mejores corredores de la tribu tienen casi 60 y 70 años.

Esta es una diferencia total con el modelo occidental. De hecho, en el Reino Unido y en Estados Unidos, la jubilación obligatoria está legislada a los 65 años. Después de esta edad, ya no se es socialmente útil y uno se convierte en un dependiente social. Médicamente el resultado de este cambio de percepción puede ser desastroso. Chopra habla de la *muerte por retiro prematuro* donde, en los primeros años posteriores a la jubilación, las tasas de ataques al corazón y de cáncer se disparan. ¡Quizá sea el momento de pensar en mudarse con los rarámuri!

Carol. Dar un paso en lo posible

En diversas épocas, se ha practicado el caminar sobre el fuego para la sanación y renovación emocional y física. Carol quería recuperarse después de un divorcio difícil. Su autoestima y confianza estaban en el peor punto de toda su vida y estaba buscando una forma de recuperar su poder personal. Era la última en caminar esa tarde. Creía que era imposible y estaba aterrada ante la idea de quemarse los pies. Incluso después de ver cómo los demás caminaban a salvo, ella seguía dudando. Le pedí que considerara cómo el hecho de caminar sobre el fuego cambiaría sus creencias respecto a todas las áreas de su vida. ¿Qué tan poderosa te sentirías después de caminar sobre el fuego? No hubo quien no llorara en el grupo cuando Carol pasó caminando sobre el fuego con éxito y sin dolor. Representaba la barrera para continuar con su vida y ahora había desaparecido. A partir de esa noche la vi crecer cada vez con más fortaleza. Ahora tiene una nueva relación y una nueva vida plena.

Sólo imagina que hicieras algo que creyeras que es imposible. ¿Qué efecto tendría en todas las demás áreas de tu vida?

¿Cómo cambiamos las creencias?

Cambiar las creencias es algo absolutamente posible y necesario si hay que modificar la vida. Por ejemplo, cuando enseño a alguien habilidades de presentación, trabajo en una serie de niveles. Los estudiantes aprenden nuevas habilidades y comportamientos, pero eso no es suficiente. También tienen que creer que son unos grandes presentadores. Si no desarrollan nuevas creencias en torno a serlo, el peligro es que la creencia limitante de sí mismos, saboteará sus nuevos comportamientos, habilidades y capacidades. Por eso es que tantas organizaciones han desperdiciado millones de pesos en programas de capacitación que sólo forman el nivel de comportamiento y habilidad.

Esto también encaja con nuestras metas. Si te fijas un objetivo que no concuerda con tus creencias, ¿qué tanto éxito crees que tendrás? Por ejemplo, tu meta es establecer tu propio negocio y has investigado todo minuciosamente. Tienes las habilidades y las capacidades para tener éxito. Sin embargo, en un nivel inconsciente profundo crees que no eres lo suficientemente bueno para obtener lo que quieres. ¿Qué consecuencia tendrá eso en tu objetivo? Tienes razón, saboteará tu enfoque desde el principio.

Ejercicio 11

Cambiar lo que crees

Paso 1

El primer paso es descubrir tus creencias limitantes y motivadoras de ti mismo. De algunas de ellas tendrás plena conciencia, escribe esas primero; luego piensa en las situaciones que han obstaculizado tu progreso en la vida y aquellas en las que has tenido éxito. Considera por qué ha sido, ¿cuál fue la diferencia en tus creencias? Apunta todo lo que se te ocurra. Piensa en esto relacionándolo especialmente con tu meta.

Ejemplos de creencias limitantes:

- Negaciones: por ejemplo, no soy capaz, no puedo hacer dinero, soy demasiado viejo, no creo que pueda hacerlo, etcétera.
- Comparaciones: por ejemplo, no soy lo suficientemente bueno.

Mis creencias limitantes

Ahora escribe tus creencias motivadoras. Relaciónalas otra vez con tu meta y considera cuáles te apoyarán realmente durante tu viaje.

Ejemplos de creencias motivadoras:

- soy bueno en lo que hago
- le caigo bien a la gente
- soy una persona con seguridad en sí misma

Mis creencias motivadoras

Paso 2

Luego rodea con un círculo las tres creencias desmotivadoras y motivadoras más influyentes de tus listas. Considera primero cómo las motivadoras pueden fortalecer tu vida aún más de lo que lo hacen ahora. Escribe ejemplos específicos de cómo tus creencias motivadoras están funcionando en tu vida justo ahora:

- Creencia motivadora 1

- Creencia motivadora 2

- Creencia motivadora 3

Paso 3

Pregúntate lo que te costaría en la vida si no dejas ir las creencias limitantes en lo referente a tus metas, tu salud, tu riqueza y tus relaciones. Escribe las respuestas en el espacio que hay a continuación y sé sincero contigo mismo. Relaciónalo con lo que sentirías si no cambiaras. Hazlo imaginándote en un plazo de cinco años, ¿qué consecuencias habrán tenido estas creencias limitantes en tu vida?

Lo que mis creencias limitantes están costándome y me costarán:

No fue agradable, ¿verdad? No tenía la intención de que lo fuera. Tony Robbins dice que si asociamos suficiente dolor con cualquier cosa, cambiaremos. Quizá descubras que tus creencias limitantes ya han sido seriamente erosionadas al completar este ejercicio.

Paso 4

Toma una por una tus tres creencias limitantes y haz una lista con todas las evidencias que recuerdes de por qué en realidad no son verdaderas. Por ejemplo, si cres que nunca tendrás éxito, escribe lo que te gustaría creer en su lugar, por ejemplo, soy exitoso, y luego haz una lista de todas las veces que has tenido éxito. Recuerda que hasta ahora habrás llevado puestos "los lentes polarizados de no tengo éxito". Piensa cuidadosamente y penetra en lo profundo de tu mente inconsciente para encontrar las respuestas. Éste es el momento de cambiar, encuentra tantos nuevos ladrillos como puedas.

Mi creencia limitante es:

Mi nueva creencia es:

Mis nuevos ladrillos son:

Mi creencia limitante es:

Mi nueva creencia es:

Mis nuevos ladrillos son:

- ....

  ....

- ....

  ....

- ....

  ....

Mi creencia limitante es:

Mi nueva creencia es:

Mis nuevos ladrillos son:

- ....
....

- ....
....

- ....
....

Mi creencia limitante es:

Mi nueva creencia es:

Mis nuevos ladrillos son:

- ....
....

- ....
....

- ....
....

¡Bien hecho! Sigue concentrándote en tus nuevas creencias y "ladrillos", ya que esto es la evidencia de que tu creencia ha cambiado. Te sorprenderás de cómo ahora empiezas a experimentar el mundo de una forma diferente.

Otras formas de cambiar las creencias

También he experimentado otras formas de cambiar las creencias que me gustaría compartir contigo. Estos son los acontecimientos más imprevistos. Por ejemplo, a veces alguien puede decirte algo que cambia completamente el significado o el contexto de tu pensamiento. En la PNL lo llamamos reencuadrar. En un instante puede cambiar nuestras creencias para siempre.

Hubo una época en la que yo dejaba para otro momento el comenzar mi nueva empresa. Había registrado el nombre de *The Change Corporation* y había llevado a cabo algunos programas piloto acerca de PNL en mi tiempo libre. Sólo necesitaba entregar mi renuncia y dedicarme a ella; pero a pesar de todas mis habilidades y capacidades no hacía nada de lo que tenía que hacer. No pasaba porque yo todavía no creía que fuera capaz de hacerlo. Me escuchaba decir montones de excusas para retrasar la fecha aún más; principalmente, me sentía aterrada de saltar al vacío y tener que volar por mí misma.

Dos de mis mejores amigas decidieron que me llevarían a Francia para celebrar mi cumpleaños. Mis amigas cuchicheaban en secreto y yo pensé que se trataba de mi regalo pero me equivoqué. Durante la comida de celebración, en un hotel frente a la playa, descubrí que ¡en realidad también me habían llevado hasta allí para tener una buena charla! Tuvimos una magnífica comida con mucho champán frío mientras mirábamos el océano, era la tarde perfecta. Luego mis dos amigas empezaron a preguntarme acerca de mis planes para el año siguiente y comenzaron a retarme respecto a por qué todavía no había dejado mi empleo. Comencé a sentirme enojada con ellas, a desconectarme de lo que me decían y a recorrer con la mirada el salón. De repente, una de mis amigas me preguntó:

"¿el nombre de tu compañía es *The Change Corporation* (La corporación del cambio) o *The Stay as You Are Corporation* (La corporación de quédate como estás)?".

En un instante ella captó mi atención. Cuando me di cuenta de que me había dado uno de los reencuadres más exquisitos que yo había oído nunca, comencé a reírme a carcajadas, ¡me habían atrapado! En unos pocos segundos pasé del enojo y la frustración a llorar de risa. Al día siguiente, ya de regreso al trabajo en Londres, presenté mi renuncia y quedé libre. Las creencias limitantes respecto a mí se habían reenmarcado en un instante.

¿Qué pasaría si tuvieras que alinear tus creencias con tu meta justo ahora?, ¿qué efecto tendría eso en ti?, ¿cómo sería realmente para ti? Te garantizo que tu viaje hacia tu objetivo se sentirá repentinamente más fácil. Al ser totalmente congruente, pronto empezarías a notar nuevas oportunidades que hubieras dejado pasar antes. Tu meta se sentiría como algo certero por primera vez en tu vida. ¿Cómo se sentiría estar en el futuro y mirar hacia atrás habiendo hecho esos cambios?, ¿cómo te verías, sentirías y sonarías al creer en ti mismo quizá por primera vez en tu vida? Es totalmente posible y tienes que dar el primer paso y ser sincero contigo mismo respecto a qué es lo que te ha impedido hacerlo hasta ahora. Si todavía no has completado el ejercicio de cambiar tus creencias, regresa, hazlo ahora y difruta quitándote los lentes polarizados que has llevado puestos hasta este momento.

Consejo: Nunca podremos ser más de lo que creemos que es posible, así que empecemos a creer en las posibilidades.

Capítulo

7

"La pasión es energía. Siente la pasión al concentrarte
en lo que te emociona."

Oprah Winfrey

Tienes todo lo que necesitas para tener éxito

En este capítulo analizaremos los recursos internos que todos tenemos, ésos que a menudo permanecen ocultos y, por consiguiente, desaprovechados. Éstos son recursos de **excelencia** que serán invaluables para ti cuando des el primer paso para hacer algo diferente en tu vida.

En la PNL existe la creencia de que:

"tú tienes todos los recursos que necesitas para tener éxito".

Esto es importante ya que la gente pone montones de excusas acerca de por qué no puede tener lo que realmente quiere. Las excusas más habituales son no tener dinero o tiempo, no tener la suficiente confianza o la energía para lograr lo que se quiere. Muchos buscan las respuestas fuera de sí mismos; sin embargo, las personas más exitosas reconocen que el lugar para buscar más recursos es dentro de ellas mismas. En este capítulo vamos a explorar de qué manera puedes maximizar tus recursos internos para obtener lo que quieres, te mostraré cómo puedes usar tus reservas de energía de una forma más eficaz y de qué manera el tiempo es una ilusión. Así utilizarás estas herramientas de forma mejor para ti y podrás controlar tus emociones para sentirte bien en un instante. A menudo me encuentro con gente que desconoce totalmente lo que puede elegir para aumentar su potencial. Cada día las personas gastan montones de dinero porque quieren sentirse bien sin saber que pueden lograrlo por sí mismas en un instante y **gratis**. En la PNL aprendemos cómo trabajar con nosotros mismos en un nivel lleno de energía para aprovechar y utilizar nuestros recursos al máximo. Empecemos ese viaje ahora mismo, ¿estás listo para experimentar por un momento con tu energía?

Ejercicio 12

Mejora tu concentración, mejora tus resultados

Tendrás que ponerte de pie para hacer este ejercicio. Busca un lugar donde puedas moverte sin tropiezos con un brazo totalmente estirado. Mira hacia adelante y párate con los pies separados, quédate fijo en el suelo, ahora levanta un brazo en posición horizontal frente a ti y gira suavemente tu cintura manteniendo el brazo horizontal hasta que no puedas más. Observa cuidadosamente hacia dónde apunta tu brazo, quizá haya algo en la habitación que te pueda servir como referencia o si hay alguien más contigo, pídele que se quede como referencia de en qué punto se quedó tu brazo. Ahora concéntrate detrás de ti y encuentra un punto más allá del que tu brazo alcanzó la primera vez. Fija ese punto en tu mente a medida que giras en sentido contrario para estar de frente otra vez y gira una vez más moviendo tu brazo tan lejos como puedas. Déjalo quieto. Gira y ve qué tanto más lejos has movido el brazo esta vez. Verás que la segunda vez lo has movido mucho más lejos, quizá has girado más allá incluso del punto que habías visualizado.

Este es un gran ejemplo del hecho de que la energía fluye hacia donde se dirige la atención. Recientemente hice este ejercicio con un grupo de gerentes de nivel medio. Uno de ellos, de Singapur, pensó que este era el ejercicio más revelador que recordaba, porque es una gran metáfora de cómo siempre podemos lograr un mejor resultado desde nuestro interior cuando nos enfocamos. El ejercicio demuestra que un poco más de enfoque hace avanzar más en el camino —10% extra supone más de 10% de resultados—. Por lo general, nuestra energía se disipa hacia todos lados.

Me gustaría enseñarte cómo puedes tener acceso a la energía y a los sentimientos que quieres en el momento en que quieras tenerlos para controlar tu capacidad y potencial de hacer las cosas bien, y te mostraré cómo puedes hacer que el tiempo funcione en el futuro. Imagina ahora mismo la diferencia que ésto haría en tu vida.

El poder de la energía

"El cuerpo no es lo que parece ser a simple vista. No es una masa sólida. En realidad es un sistema de pequeñas partículas o puntos de energía separados entre sí por espacio y que se mantienen en su lugar mediante un campo eléctrico en equilibrio."

David Cumes

La energía es la fuerza de nuestra vida y aun así actuamos como si no tuviéramos control sobre ella. Oigo que las personas dicen que tienen un día "de poca energía", como si no tuvieran control sobre su cuerpo.

Considera esta escena. Llegas a tu destino de vacaciones en el sur de Francia. Durante meses deseaste que llegara este momento porque te encanta el sol, pero llueve a cántaros y hace frío para esa época del año. Te sientes muy triste, es un día de poca energía, empiezas a sentirte menos que ingenioso respecto a tu destino vacacional. No es justo, es la peor de tus vacaciones. ¿Te resulta familiar?. Recuerda que obtienes aquello en lo que te enfocas.

Ahora considera esta escena. Llegas a tu destino de vacaciones en el sur de Francia. Durante meses deseaste que llegara este momento porque te encanta el sol, pero llueve a cántaros y hace frío para esa época del año. Estás lleno de ilusión por hacer algo nuevo y, como no puedes tomar el sol, pasarás el viaje explorando la campiña y conociendo la comida y el vino francés. Has querido hacer esto durante años y estás lleno de energía, así que pasas las mejores vacaciones de tu vida. ¿Te suena conocido? Recuerda que obtienes aquello en lo que te enfocas.

Estoy segura que los dos escenarios te serán familiares, te sonarán, y también habrás sentido algo así. Lo curioso es que la mayoría de la gente piensa en la energía como algo que le sucede, no algo que controla. Pero podemos hacerlo de un momento a otro. Me acuerdo de un colega que dice que, sin importar el clima, es un brillante día soleado o un brillante día lluvioso o un brillante día con viento, etcétera. Es sorprendente la gran diferencia que hace a tu energía y a la forma en que te sientes. Algunas de las veces en las que mejor me la he pasado con mis hijos ha sido en días en los que llovía a cántaros y jugábamos fuera, empapándonos. Sólo piensa lo que sería poder elegir sentir que es un día brillante, todos los días, sin importar el clima ni la situación.

Los chakras, cómo usar la energía en el cuerpo

La energía es el combustible de la excelencia. Piensa por un momento en tu auto favorito —quizá sea un precioso auto deportivo o un emocionante 4 × 4—, sea lo que sea, imagina tratar de manejarlo con un combustible que no es el adecuado. No funcionaría. Con nuestro cuerpo ocurre lo mismo. Para estar en el punto máximo del desempeño tenemos que maximizar nuestros niveles de energía, entre mayor sea tu nivel de energía, mejor te sentirás y cuanto mejor te sientas más increíbles serán tus resultados. Como ya sabemos, éstos dependen de nuestro estado de ánimo y nuestra energía proviene de la respiración. ¿Cuál es la diferencia entre alguien que está vivo y alguien que acaba de morir?, que la persona fallecida ya no respira. El aliento lleva vida y energía a todo el cuerpo.

También puedes sentir la energía de otras personas; de hecho, lo hacemos todo el tiempo. Por ejemplo, piensa en alguien que te haga sentir muy bien cada vez que lo ves. Analiza cómo te sientes en tu interior cada vez que piensas en esa persona. Ahora, compara esa experiencia con la forma en que te sientes cuando estás cerca de alguien que parece deprimido. ¿Su energía "te hunde"? Esto es porque sientes la energía de cada persona. Tus mejores mecanismos para percibir la energía de los demás a menudo son tu cuerpo y tus emociones. Cuando sentimos la energía de una persona, reaccionamos en seguida a muchas vibraciones sutiles. Todo lo que una persona piensa y siente afecta a su "vibración" o rango de frecuencias sutiles; de hecho, los pensamientos y las emociones son parte del espectro de energías sutiles.

En China a la energía se le llama *chi*, que significa fuerza de vida. En India se le conoce como *prana* o *shakti*, en Japón es *ki*, y en el desierto de Kalahari, los kung aborígenes la llaman *num*. El concepto de una energía sutil radiante y de un espíritu que subyace al mundo físico es casi universal. Así también es la idea de que esta energía puede ser aprovechada para lograr una profunda transformación y sanación. Hace más de 2 mil años, los chinos crearon la acupuntura, un sistema que utiliza agujas para intervenir en el flujo del chi a través de los meridianos de energía del cuerpo. En India, los místicos han transmitido el prana o shakti del maestro al estudiante, cambiando la conciencia, al menos durante el mismo tiempo. Los kung del Kalahari elevan el num mediante danzas extáticas que duran toda la noche y en las que llevan a cabo sanaciones y tienen visiones. Esta fuerza sutil radiante fluye por el cuerpo, y llena los siete centros de energía, es decir, los chakras. Podemos aprender cómo manejar ese poder para maximizar nuestro desempeño.

Cuando empezamos a tomar el control de nuestra energía tenemos la oportunidad de controlar nuestro estado de ánimo o humor. Ése es el vínculo entre la energía, los chakras y la PNL. Nuestros siete chakras funcionan como bombas o válvulas que regulan el flujo de energía por todo nuestro sistema energético y su funcionamiento refleja las decisiones que tomamos en lo que se refiere a cómo elegimos responder a las condiciones de nuestra vida. Abrimos y cerramos esas válvulas cuando decidimos qué pensar, qué sentir y mediante qué filtro perceptual decidimos experimentar el mundo que nos rodea. Por ejemplo, si tenemos pensamientos positivos nos sentimos bien, nuestros niveles de energía son más altos, y tenemos más energía y vitalidad para disfrutar nuestro día. Los siete chakras se identifican y se localizan de la siguiente manera:

- chakra siete: de la coronilla
- chakra seis: de la frente
- chakra cinco: de la garganta
- chakra cuatro: del corazón
- chakra tres: del plexo solar o de poder
- chakra dos: sexual
- chakra uno: de raíz

Los chakras no son físicos, son aspectos de la conciencia de la misma manera que las auras también lo son; son más densos que las auras pero no tanto como el cuerpo físico y representan no sólo partes determinadas del cuerpo físico, sino también partes de la conciencia.

Por ejemplo, cuando sientes tensión en tu conciencia, la percibes en el chakra asociado a la parte de ella que experimenta el estrés y en las partes del cuerpo físico asociadas con ese chakra. El punto donde sientes el estrés depende de su causa. Cuando la tensión se prolonga durante un tiempo o con un determinado nivel de intensidad, la persona puede crear un síntoma físico. Consulta los ejemplos de energía kundalini masculina y femenina que aparecen en la página 125.

Se cree que los chakras vitalizan el cuerpo físico y se asocian con interacciones de naturaleza física, emocional y mental; también se consideran puntos de energía vital, es decir, prana o chi. La función de los chakras es girar y llevar la energía para mantener en equilibrio la salud espiritual, mental, emocional y física del cuerpo en esta fuerza vital universal. A través de los chakras, se puede aprender a mover la energía alrededor del cuerpo. Ya habrás experimentado el utilizar la energía de un chakra más que otro y percibir cómo los demás usan su energía a tu alrededor. Por ejemplo, si operas desde tu chakra sexual, descubrirás que algunas personas no se sienten cómodas cerca de ti y que puedes atraer al tipo erróneo de individuos. Piensa en algún momento en que te sentiste incómodo en la presencia de alguien que estaba usando su energía sexual a tu alrededor. Todos hemos tenido esa experiencia o por el contrario hemos disfrutado de la atracción sexual en la que quizá hemos descrito la energía sexual entre otra persona y nosotros como "química".

Si operas desde tu chakra de plexo solar o de poder, quizá notes que las personas se enfrentan a ti, discuten frecuentemente o peor, pelean. Una vez más, piensa en cualquier momento en el que alguien haya usado su poder cerca de ti, es incómodo.

¿Cómo empiezas a usar tus chakras con más precisión?, el primer paso es centrar tu atención en una parte determinada de tu cuerpo, dado que tu energía fluirá desde esa parte y hacia ella. Vamos a experimentar con unos cuantos ejercicios para que puedas sentir por ti mismo. Necesitarás un compañero para hacerlos, ¡diviértanse!

Ejercicio 13

Aprender a utilizar tu energía

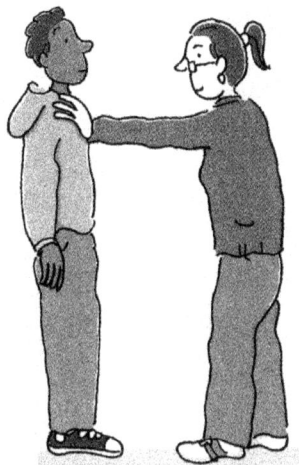

Ponte de pie en un punto y centra tu atención en el lóbulo de tu oreja izquierda e imagina que toda tu energía se mueve hacia la parte superior de tu cabeza o chakra de la coronilla. Una vez que concentres toda tu energía en el chakra de la coronilla, tu compañero te empujará *suavemente* del hombro. Ambos deberán notar lo mismo; es probable que te tambalees.

Después, concentrarás toda tu energía en la parte baja de tu estómago, justo debajo del ombligo; imagina que tus piernas están sujetadas por raíces que crecen a través del suelo. Entonces, tu compañero volverá a empujarte *suavemente*. Siente la diferencia, ¿cómo te fue?, habrás "echado raíces" y te sentiste mucho más firme.

Luego repite el ejercicio cambiando de lugar con tu pareja.

Ahora considera la próxima vez que tengas una reunión, presentación o entrevista personal difícil; imagina lo fuerte que te sentirás cuando te quedes firmemente "pegado" al suelo antes de que enfrentes esa situación. Practícalo con regularidad y observa cómo progresas.

Ejercicio 14

Tu brazo, tu fuerza

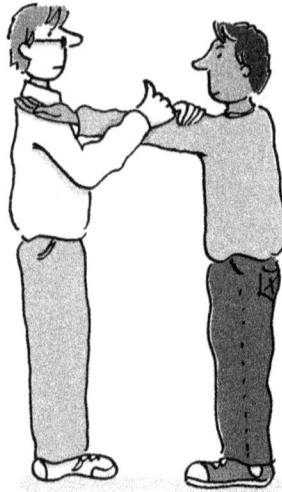

Esta vez, párate frente a tu compañero y apoya tu brazo derecho sobre su hombro, con la palma de la mano hacia arriba. Tu brazo debe hacer contacto con su hombro en la zona de la muñeca. Luego, tu compañero entrelazará sus manos por entre tu brazo y lo presionará hacia abajo suavemente. Tu brazo bajará fácilmente.

Repitan el ejercicio, pero esta vez imagina que tu brazo es la manguera de un bombero, y la energía que fluye por él lo mantiene fuerte. Tu compañero sujetará tu brazo otra vez y presionará hacia abajo; observa la diferencia. Esta vez tu brazo es tan sólido como una roca habiendo usado sólo la imaginación.

Luego, cambien posiciones y repitan el ejercicio. Observa cómo podemos ser más fuertes en un instante sin esforzarnos demasiado. Esto es lo que ocurre cuando leemos en el periódico que, "como un milagro", alguien ha levantado un auto para rescatar a un niño.

Ejercicio 15

Saca tu energía al exterior

Esta vez párate aproximadamente a cuatro metros de tu compañero y míralo a la cara. Imagina que aspiras toda tu energía a tu interior. Concéntrate realmente en eso. Luego haz que tu compañero se mueva hacia ti y se detenga cuando sienta tu campo de energía. Deberías notar que puede llegar muy cerca de ti, quizá casi encima de donde tú estás antes de detenerse.

Ahora vuelvan a pararse a la misma distancia y de la misma manera. Imagina que tu energía crea un campo de fuerza fuera y alrededor de ti, empújala para que salga a unos dos metros de ti. Concéntrate en eso, y luego cuando estés listo pide a tu compañero que se dirija hacia ti y que se detenga cuando sienta tu campo de energía. Es probable que se detenga entre uno y tres metros separado de ti.

Cambien posiciones y repitan el ejercicio. Observa cómo puedes usar esto para protegerte en situaciones difíciles, sólo imagina tu energía fuera, una frontera entre tú y el resto del mundo. Por el contrario, observa cómo puedes dar a la gente o a los grupos un "abrazo" lleno de energía mientras trabajas con ellos. Practícalo y notarás cómo mejora tu nivel de compenetración.

Ejercicio 16

Eleva tu juego

No necesitas un compañero para este ejercicio, pero es divertido experimentar en compañía. Esta vez vamos a aprender a elevar nuestros niveles de energía realmente rápido. Inhala, y mientras lo haces, levanta los brazos en un movimiento circular por encima de tu cabeza. Ahora imagina que sacas esa energía a medida que exhalas, y baja los brazos al mismo tiempo. Repítelo seis veces e imagina cada vez que la energía se acumula en tu cuerpo. Observa qué tan diferente te sientes después de seis bocanadas de aire, ¿cómo te sientes en ese momento?

A menudo uso esta técnica para elevar mis niveles de energía antes de entrar en mi sala de capacitación o justo antes de empezar una presentación. Es muy buena para cambiar en un instante tu estado de ánimo y, por tanto, tus sentimientos.

Así que ahora sabes cómo empezar a hacer que tu energía trabaje para ti y te ayude en todo lo que hagas. Es un recurso que ha estado dormido por demasiado tiempo, ¡sácale máximo provecho comenzando desde **ahora**!

La energía kundalini

Lo último de lo que quiero hablar en torno al tema de la energía, es de la importancia del despertar de la energía *kundalini* en tu sistema. ¿Cuántos de ustedes han conocido a hombres y mujeres que cambian su vida por completo cuando están a punto de cumplir 40 años de edad o a mediados de esta década? En el mundo occidental a menudo llamamos a esto *crisis de los cuarenta*; sin embargo, el cambio es impulsado por una alteración de la energía del cuerpo. En ese periodo, la gente experimenta con frecuencia un despertar espiritual. Repentinamente, la ambición feroz que se tenía entre los 25 y 35 años de edad se desvanece y ahora el individuo vuelve a concentrarse en lo que es realmente importante para él. A menudo las relaciones vacilan en este momento ya que uno o los dos miembros de la pareja quieren algo más de su vida.

Kundalini es la palabra hindi para la energía sagrada y transformadora que despierta la conciencia. La energía ha estado antes de este punto enrollada en la base de la columna vertebral a la espera del estímulo que despertará su potencial. Cuando esta energía se vuelve activa, se experimenta por lo general como una potente fuerza en el cuerpo, junto con un fuerte sentido espiritual, y su movimiento puede sentirse como una ráfaga o un flujo. El despertar del kundalini generalmente es el comienzo de un periodo intenso de cambios en la vida de una persona. Cuando le ocurre a individuos que no están en el camino espiritual, puede parecer desconcertante porque nada tiene sentido ni se sienten bien nunca más. La energía kundalini comienza a moverse entre los 38 y 42 años de edad. A medida que la energía asciende por la columna vertebral, a menudo choca contra un obstáculo. Para los hombres, frecuentemente se ve bloqueada en el chakra del corazón, debido a que, por tradición, no son capaces de mostrar sus emociones y si el bloqueo no se elimina, el varón puede manifestar una enfermedad física a nivel energético. Si se le permite liberar las emociones negativas de su cuerpo y aprender cómo expresar las positivas, entonces la obstrucción desaparece.

En las mujeres, el kundalini se bloqueará en el chakra de la garganta si se sienten incapaces de expresarse para obtener lo que quieren. A menudo esto da como resultado problemas de tiroides. Sin embargo, si la mujer encuentra su voz y expresión, la obstrucción desaparecerá y la energía seguirá moviéndose.

Estoy segura que lo hemos experimentado o conocemos a hombres y mujeres que están pasando por este proceso. Aquí te muestro un par de ejemplos de entre mis clientes.

Anna. Aprender a expresarse otra vez

A sus 42 años de edad, Anna ha estado casada durante 14, y tiene tres niños de edades menores a 12 años. Cuando tuvo a su primer hijo, abandonó su carrera como abogada familiar para cuidar de su prole, ya que no quería que nadie más criara a sus hijos. Su esposo también es abogado y siempre ha procurado bien a la familia; sin embargo, su relación se sentía pesada, pues la pareja se había estancado en la rutina. Él pasaba mucho tiempo fuera de casa por el trabajo, así que ella tenía que cuidar sin ayuda a los niños la mayor parte del tiempo y pasaba las noches sola una vez que los había acostado. Los fines de semana transcurrían alrededor de la familia. Anna no podía acordarse de cuando había sido la última vez que había disfrutado de una cena romántica o que habían salido un fin de semana sin los niños. Me explicaba cómo en los últimos 12 meses se había sentido cada vez más frustrada con su vida, sentía como si no tuviera identidad propia y, recientemente, se había desmayado en el suelo de la cocina, exhausta.

Anna es un caso de libro de texto de una mujer que lucha por sobrevivir, sin que nadie a su alrededor la note durante meses, incluso años. Su autoestima, alguna vez elevada, casi había desaparecido. Dijo que sentía como que se alejaba de su familia para volver a encontrarse; buscaba desesperadamente un canal por el cual expresar quién era ella en realidad. Le sugerí que se enfocara en metas personales para el futuro, sin importar qué tan grandes o pequeñas fueran en esta etapa. Dijo que el dinero y las posesiones eran menos importantes para ella ahora, quería el espacio para descubrir sus necesidades y no estaba segura si deseaba regresar a estudiar leyes otra vez. Después de una sesión de avanzada, decidió pasar los siguientes seis meses en un viaje espiritual, capacitarse en desarrollo personal y experimentar con nuevas ideas, como las de la PNL, para descubrir lo que quería de la vida.

Ahora está capacitándose en una nueva carrera que puede adaptar en torno a sus hijos. Su esposo tuvo una sacudida y la ha apoyado mucho más desde que tuvo el colapso, cambió de trabajo y ahora ejerce como abogado local para que ella se capacite en su nuevo negocio.

Phil. Aprender a llorar

Phil tiene 43 años de edad y dirige su propia empresa de construcción. Está casado y tiene dos niños. La razón de su visita era que estaba aterrado por su reciente ataque al corazón y sentía que era incapaz de controlar sus emociones, que manifestaba mediante ataques incontenibles de llanto. Me quedé fascinada al oírlo describir su historia personal. Su padre, un hombre frío cuyos valores personales se centraban en la rudeza, ganar y en demostrarse cosas a sí mismo, había influido mucho en él. Phil había tenido una educación difícil, donde el lema había sido "los niños grandes no lloran". Si alguna vez lloraba era mandado con su padre, para que lo "solucionara". Phil había aprendido a temprana edad a reprimir sus emociones y a concentrarse en ganar. Siempre había intentado probarse en el campo de los deportes, en el ejército y ahora a cargo de su propia empresa. La presión que sentía para mantener todo en pie era enorme. Su negocio había atravesado momentos difíciles, pero se había resistido a contarle a su esposa acerca de la situación, así que había mantenido toda la presión en su interior. Además, había pasado sin hacer caso a otras enfermedades y accidentes inexplicables antes del día que le dio el ataque al corazón.

Cuando llegó a verme para su sesión de avanzada, le expliqué cómo las enfermedades físicas pueden definirse como una manifestación de problemas a nivel energético. Trabajamos en torno a su necesidad de ser él mismo, de abrir su corazón a sus emociones y de estar preparado para compartirlas con aquellos cercanos a él. Estaba asombrado de entender el efecto de su padre en los patrones que operaba en su vida; descubrió que su esposa y familia en realidad disfrutaban sus nuevas características y, como resultado, su relación prosperó. Todavía dirige su compañía, aunque tiene un nuevo socio que le ayuda a disminuir la presión.

Estos casos de estudio son ejemplos típicos de la forma en que hombres y mujeres experimentan un *despertar* mediante el aumento de su energía kundalini. Los síntomas de que esto ocurre, sin importar el género, pueden incluir:

- Síntomas fisiológicos, como problemas cardiacos o de tiroides.
- Agitación psicológica, por ejemplo, emociones y recuerdos negativos que aparecen para ser resueltos; es como estar en una montaña rusa emocional.
- Estados intensificados de conciencia que llevan a sentirse desorientado.

El aumento del kundalini no es un punto final en sí mismo, sino más bien el principio de una transformación personal. La mayoría de quienes lo experimentan descubren quiénes son en realidad. A menudo sienten su vida con más compromiso o con una perspectiva más suave, se encuentran más llenos de energía y más expresivos conforme sienten una conexión mucho más fuerte con lo que realmente son.

El poder del tiempo

Lady Jane Fellowes leyó esta cita del poeta estadounidense Henry van Dyke en el funeral de Diana, princesa de Gales:

"El tiempo es demasiado lento para aquellos que esperan, demasiado rápido para aquellos que temen, demasiado largo para aquellos que sufren, demasiado corto para aquellos que se regocijan; pero para aquellos que aman, el tiempo es la eternidad."

Una de las otras grandes excusas de la vida es no tener el tiempo para llevar a cabo lo que realmente quiere hacerse; no hay tiempo para trabajar en las metas, tanto si se trata de ir al gimnasio tres veces por semana o de trabajar muchas horas para establecer un nuevo negocio. Muy a menudo oigo a las personas decir que irían tras sus metas *pero* que no tienen suficiente tiempo. Están demasiado ocupadas en su vida sin enfocarse en lo que es realmente importante.

Encontrar la **energía** para hacer todo lo que se necesita hacer es el primer paso. Luego descubrirás que puedes vivir la vida de una manera más equilibrada y llena de vitalidad, podrás lograr más que otras personas que conoces, y los demás se darán cuenta de cuánto vigor tienes y lo joven que te ves y te sientes. No te sorprendas si tus amigos quieren saber cuál es tu secreto, ése es el primer paso.

Recuerda que tu energía fluye hacia donde se dirige tu atención, y una de las consecuencias de utilizarla toda es que querrás maximizar cada momento de cada día, querrás que el tiempo pueda maximizar cada experiencia. Voy a mostrarte una percepción diferente del tiempo que supone que puedes crear el tiempo que requieras. Yo lo llamo la **distorsión del tiempo**.

Cualquiera que haya llevado alguna vez una relación a distancia sabrá todo acerca de la distorsión del tiempo: cuando están juntos, el tiempo literalmente parece que vuela y el lapso que pasan separados hasta que vuelven a verse se siente como una eternidad. Si la relación de larga distancia termina, el tiempo "vuelve a la normalidad" y cada día parece que otra vez dura lo mismo.

Deepak Chopra escribe que la contribución brillante de Einstein a la física moderna fue la idea de que el tiempo lineal es superficial, no es un proceso en línea recta; el tiempo parece fluir y moverse, segundos, minutos, horas, días, meses y años que pasan, pero todo esto es relativo, no tiene ningún valor absoluto. Einstein reemplazó la idea del tiempo con algo mucho más fluido; con el tiempo fluido, éste puede acelerar o hacerse más lento dependiendo del contexto; hizo notar que pasar un minuto en un horno ardiente parece una hora, mientras que pasar una hora con alguien que amas parece un minuto. La conclusión es que el tiempo depende de la situación del **observador** y como observadores tenemos el control personal sobre nuestra sensación de tiempo. Nos oímos decir cosas como:

"No tengo tiempo para eso."
"El tiempo no avanza."
"El tiempo vuela."
"Se me acaba el tiempo."

Estos enunciados no dicen nada acerca del tiempo lineal medido con el reloj, pero sí dicen mucho de cómo experimentamos el tiempo dentro de nuestro sistema nervioso, reflejan un sentido del yo. Tu actitud hacia el tiempo refleja cómo eres como persona. Por ejemplo, es más probable que las personas que nunca tienen tiempo desarrollen problemas de salud. El tiempo subjetivo es una fuerza poderosa, ya que cambia el comportamiento, las actitudes y las creencias.

Fechas límites

Chopra dice que no es coincidencia que la palabra "deadline" (fecha límite) incluya la partícula "dead", que significa muerte en inglés. ¿Te has dado cuenta de que algunas personas son bastante más sensibles a las presiones de tiempo que otras?, algunas personas prosperan, otras se sienten bajo amenaza. En los negocios, fijar a menudo una fecha límite muy apretada es lo que yo describiría como un comportamiento de machos, con fechas de entrega que se fijan frecuentemente de manera arbitraria y antes de lo necesario. Sufrí esto muchas veces en la empresa de consultoría para la que trabajaba. A menudo, la fecha límite para un proyecto se acordaba sin considerar su efecto en el equipo de proyectos que llevaría a cabo el trabajo. Hubo veces en que el equipo descubrió que el cliente hubiera estado satisfecho con un periodo de entrega más largo.

Todos conocemos gente que se atasca en una época particular de su pasado, se queda en un periodo en el cuál no puede hacer nada o se concentra en sentirse ansiosa por el futuro. ¿Cuántas personas conocemos que desperdician mucha energía en el pasado, en sentirse culpables por acontecimientos que hace mucho ocurrieron o en desear haber actuado de manera diferente?, ¿o personas que estropean el presente porque están demasiado ocupadas en preocuparse por algo que ocurrirá en las próximas semanas? Podemos concluir que nuestra experiencia del tiempo es exclusivamente el resultado de nuestro enfoque mental en el momento o en el ahora, y eso puede cambiar.

Estar en el ahora

El único tiempo es **ahora**, así que considera cómo quieres experimentarlo. La capacidad de manejar tu tiempo dará forma a tu experiencia de vida y a tu éxito final. Lo que haces con el tiempo está moldeado por tu enfoque. **Detente** un momento a considerar cómo sientes el tiempo justo ahora, ¿lo disfrutas?, ¿lo desperdicias? o estás haciendo cualquier cosa para que pase más deprisa. Puedes controlar tu sensación con la manera en la que te enfocas en el tiempo.

Volvamos al ejemplo de una relación a distancia. La tentación es enfocarse en la despedida, que debe llegar, aun cuando apenas acaben de reunirse. Sin embargo, si en lugar de eso te enfocas siempre en el ahora, obtendrás la máxima dicha de cada momento que pasen juntos hasta el momento que debas partir, cuando por supuesto te sentirás triste. Después de las despedidas tienes la opción de disfrutar inmediatamente el siguiente momento presente o desgastarte y sentirte triste por el resto del día. Esto marca una diferencia en tu estado de ánimo, comportamiento y tus resultados, por eso es tan importante captar este mensaje. Demasiada gente desperdicia su vida viviendo en el pasado o en el futuro.

También puedes volver a enmarcar las prioridades de tu vida al concentrarte en lo que es importante en contraposición a lo que es urgente. ¿Alguna vez has llegado a casa del trabajo, frustrado porque pasaste todo el día haciendo cosas urgentes y no importantes? Cuando te concentres en lo importante descubrirás que muchas de las cosas urgentes sencillamente caen al final de la lista. Por ejemplo, una tarde de Navidad mi madre tuvo que acudir al hospital gravemente enferma; en realidad fue muy liberador descubrir que lo importante no son los regalos, la comida ni las tarjetas; lo realmente importante es que la familia esté junta. Nada más importa, el resto es sólo una fachada. Así es cuando descubrimos que tenemos tiempo ahora para lo que realmente es importante —las visitas al hospital— en contraposición a pasar horas en la fila para pagar o esperar para encontrar un lugar de estacionamiento. En la oficina me di cuenta que dedicábamos la mayor parte del día a cuestiones rutinarias de administración, así que cambié nuestro enfoque y ahora nos concentramos en lo que es importante: conseguir nuevos clientes, y todos los días nos preguntamos qué hemos hecho hoy para ganar nuevos negocios. También empecé a dedicar tiempo a contestar llamadas y correos electrónicos, y ahora lo realmente importante se hace sin que me sienta estresada por ello.

Trucos para ahorrar tiempo

Finalmente, puedes ahorrarte tiempo si encuentras a alguien que sea tu ejemplo. ¿Quién ha logrado ya lo que tú quieres lograr? A menos que tu meta sea totalmente única, alguien ya lo habrá hecho; esto te ahorrará una enorme cantidad de tiempo a medida que obtienes sus años de experiencia en un instante. Lee libros, escucha CDs, pide ayuda a la gente. En mi experiencia, si dices a alguien que realmente lo admiras y que te gustaría aprender de él, es poco probable que te rechace. A mí nunca nadie me ha rechazado. Tú puedes seguir el modelo de otros al descubrir qué creen de sí mismos y qué hacen o sus estrategias para el éxito, y comprobar de qué manera utilizan su fisiología y cómo ésta contribuye a su éxito.

Ejercicio 17

Disfruta tu tiempo

Éste es un experimento de dos semanas para cambiar tu experiencia de tiempo, así que persevera. Cada día de la siguiente semana escribe un registro de cómo experimentaste el tiempo ese día. Por ejemplo, puedes observar que:

- disfrutaste tu tiempo
- te sentiste relajado
- estuviste bajo presiones de tiempo
- te faltaron horas en el día
- sentiste que el tiempo volaba
- te enfocaste en lo urgente en lugar de en lo importante
- o cualquier otra experiencia.

Después de la primera semana te resultará familiar la manera en la que experimentas y administras tu tiempo actualmente; durante la segunda semana, prueba con cosas diferentes. Por ejemplo:

- enfócate en lo importante en lugar de en lo urgente
- deja de desperdiciar energía preocupándote demasiado tarde por el pasado o demasido pronto por el futuro
- da 100 por ciento de tu energía en el ahora
- cambia tu enfoque mental para tener el tiempo que necesitas para hacer las cosas.

El poder de nuestras emociones

En el capítulo 4 aprendimos que nuestros resultados dependen del estado de ánimo o humor en el que estemos en ese momento y que éste es impulsado por nuestros sentimientos. Los pensamientos o representaciones internas determinan cómo nos sentimos; por ejemplo, el resultado que obtengamos de una entrevista estará determinado por qué tan seguros de nosotros mismos nos sintamos en ese momento para contestar con la mejor de nuestras capacidades a todas las preguntas que nos planteen. La manera en que nos sintamos estará determinada por nuestros pensamientos. ¿Estamos pensando en lo bien que vamos a hacerlo o estamos aterrados por no conseguir el trabajo?

En la PNL creemos que es posible ser nuestros propios modelos. Podemos llevar al *ahora* estados de ánimo positivos que hayamos experimentado en el pasado. Por ejemplo, podemos volver a sentir ahora cualquier ocasión del pasado en que hayamos estado seguros de nosotros mismos. Éste es un recurso interno invaluable que está disponible siempre que uno se sienta con pocos medios y necesite cambiar sus sentimientos y su estado de ánimo rápidamente.

Esto lo logramos con una técnica llamada **anclaje**, que permite usar los recursos internos personales cuando se necesitan. En particular, el anclaje es una manera de manejar el estado emocional. Nuestra capacidad de elegir el mejor estado emocional para una situación particular es una de las habilidades más poderosas que tenemos, pero que es pasada por alto y poco utilizada. Quizá no seamos capaces de controlar los acontecimientos externos pero aun así podemos aprender a controlar la forma en que respondemos ante ellos.

Hacer que las anclas trabajen para ti

Experimentamos anclas que funcionan de manera natural todo el tiempo. Recuerda alguna vez en la que entraste a un restorán o a un supermercado y sonaba esa canción especial; quizá era la canción que compartiste con una persona significativa en tu vida. En un momento puedes transportarte al pasado, a ese lugar y a ese momento, y sentirte fenomenal ahora. Ése es el poder de las anclas; este es un ejemplo de ancla auditiva. También tenemos anclas visuales en nuestra vida cotidiana, nos detenemos (espero) cuando vemos un semáforo en rojo. El olor de una loción de afeitar o de un perfume nos proporciona anclas olfativas y las anclas kinestéticas provienen de ser tocado de cierta manera; incluso experimentamos anclas gustativas cuando un sabor determinado nos lleva de regreso a una comida especial. ¿Me sigues en este punto?

De hecho, siempre que experimentemos un estado emocional intenso y en ese momento ocurre algo (como que suene una canción), esas dos cosas se vinculan en nuestra mente y, en realidad, quedan unidas neurológicamente en nuestro cerebro. Entonces el ancla se convierte para nosotros en un disparador inconsciente. Muchas relaciones fracasan por falta de conciencia en torno a los disparadores negativos que establecemos en la vida de la relación.

Por ejemplo, a mi ex marido le preocupaba mucho menos el orden que a mí. Mientras la casa estuviera cómoda él era feliz; a mí, por otra parte, me gustaba que la casa estuviera presentable y me ponía nerviosa que se dejaran las cosas por todos lados. Vivíamos en un antiguo granero y nuestra puerta principal daba directamente a un gran comedor, y no teníamos recibidor; en el comedor había una gran mesa en la que podían sentarse 12 personas. Cuando mis hijos eran pequeños yo viajaba por cuestiones de trabajo y mi ex esposo se quedaba en casa, así que él cuidaba de todo mientras yo estaba fuera. Cada vez que regresaba a casa de un viaje, corto o largo, abría la puerta e inmediatamente sentía un dolor en el estómago, era porque la mesa y el suelo que había debajo estaban totalmente cubiertos de *cualquier* cosa: papeles, cartas, ropa y jueguetes, lo que imagines allí estaba. A pesar de haberlo hablado muchas veces, el resultado siempre era el mismo y nada cambiaba. Después de un tiempo comencé a darme cuenta que me aterraba volver a casa y sentirme enferma cuando ponía la llave en la cerradura, ni siquiera necesitaba ver el desorden. Éste es un ejemplo de ancla negativa y cobra su cuota en una relación.

Con la PNL podemos tomar experiencias positivas del pasado y usarlas ahora. Aunque es maravilloso poder cambiar tu estado de ánimo en el momento, es todavía mejor poder sentirte consistentemente bien y con recursos en esas situaciones que demandan lo mejor de ti. Cuando nos movemos hacia metas retadoras debemos poder sentirnos de la mejor manera posible y saber qué hacer para cambiar nuestro estado de ánimo si no estamos en el mejor de los lugares. Somos capaces de crear estados llenos de recursos para nosotros mismos al "regresar" a una época en la que sí los teníamos y anclar eso en el momento actual.

El botón de la energía

Con el propósito de darte una experiencia de programación de tu cuerpo y mente para el éxito, voy a llevarte por un ejercicio sencillo que levantará tu energía y confianza en ti mismo. Esto funciona en un instante y entre más practiques este ejercicio más fácilmente tendrás acceso a ese estado positivo, y notarás que después de un tiempo sólo tienes que pensar en algún momento en el que tuviste éxito y estarás allí. El cerebro aprende muy rápido, por la sencilla razón de que está formado por millones de vías nerviosas. Siempre que hacemos algo nuevo, creamos una nueva vía para tener acceso otra vez a esa experiencia con facilidad. Cada vez que repetimos un comportamiento particular, fortalecemos la vía nerviosa asociada. Yo llamo a este ejercicio el botón de la energía porque ése es el nombre que mis hijos adoptaron para él mientras crecían. Tan pronto como conocí el anclaje les enseñé qué hacer y establecimos un *botón de la energía* para cada uno de ellos. Podían utilizar este recurso antes de los exámenes o en cualquier momento en el que necesitaran sentirse con más energía, positivos y seguros de sí mismos.

Ejercicio 18

Crea tu botón de la energía

Piensa en ocasiones concretas del pasado en las que sentiste estados de ánimo verdaderamente poderosos y positivos. Por ejemplo, un momento en el que te hayas sentido lleno de energía, seguro de ti mismo, feliz, motivado, poderoso o exitoso, risueño o completamente enamorado. Recuerda algo específico, no sólo sentimientos generales. Trabaja con un recuerdo a la vez, y repite este ejercicio para cada recuerdo, entre más concretos sean los recuerdos que "amontones" en tu botón de la energía, mejor. Una vez que tengas el botón, puedes añadir nuevas experiencias conforme sucedan en tu vida. Por ejemplo, la próxima vez que te sientas realmente genial añádela a tu botón.

- Paso 1. Hagamos primero un ensayo para que captes la idea y el proceso. Recuerda un momento determinado del pasado en el que te hayas sentido totalmente seguro de ti mismo y recupéralo ahora en tu mente. Imagina que flotas en tu cuerpo y mira a través de tus propios ojos. Ve lo que viste, oye lo que oíste y siente de verdad los sentimientos de estar totalmente seguro de ti mismo.

- Paso 2. Cuando hayas recordado todo, haz que los colores sean más brillantes, los sonidos más altos y los sentimientos todavía más fuertes.
- Paso 3. Conforme llegas al punto máximo del recuerdo, de las imágenes, los sonidos y los sentimientos, aplica presión al nudillo del primer dedo de tu mano izquierda con el primer dedo de tu mano derecha.

- Paso 4. Sigue presionando el nudillo conforme revives el recuerdo ante tus propios ojos.
- Paso 5. A medida que las imágenes, sonidos y sentimientos comienzan a retroceder, retira tu dedo del nudillo.
- Ahora que tienes el proceso, repite los pasos 1 a 5 con, al menos, seis recuerdos concretos positivos. Elige experiencias que hayan sido realmente emotivas para ti. Recuerda, nadie tiene por qué saber cuáles son excepto tú.

- Prueba: presiona el nudillo exactamente de la misma manera sin acudir a un recuerdo y observa qué tan diferente sientes. Percibirás una combinación de todos los estados poderosos llenos de recursos que almacenaste. ¡Y todo sin la ayuda artificial de las drogas o el alcohol!

Practícalo todos los días. Piensa en una situación en la que quieras sentirte con más recursos y descarga tu ancla. Imagina que las cosas van perfectamente y la próxima vez que te encuentres en una situación en la que necesites sentirte más emprendedor, aprieta tu botón de energía justo antes de que lo necesites y disfruta la diferencia. Mi ancla más poderosa es cuando rompí mi tabla, la historia que utilicé al comienzo de este libro. He añadido muchas otras experiencias a mi propio botón de energía en el transcurso de los años y siempre que necesito sentirme con más recursos, aprieto el botón y todas las veces funciona. Así que cuando la gente me pregunta si las anclas se desgastan, puedo decir categóricamente que no, en tanto que las uses y sigas añadiendo más; de otra manera no le damos al cerebro la oportunidad de crear nuevas vías nerviosas.

Juntemos todo

En este capítulo nos hemos centrado en tres formas diferentes de tus propios recursos personales a los que puedes recurrir con mucha más eficacia usando la energía, el tiempo y las anclas de una manera diferente a cómo los hayas podido experimentar en el pasado. Así que, ¿qué tal si aplicaras esto que has aprendido?

Elegí estas tres áreas por una razón en concreto; cuando nos movemos hacia la zona brillante y al logro de nuestras metas, tenemos que poder sacar el máximo de nuestra energía. Quizás a veces tengamos que trabajar muchas horas, pero deseamos sentirnos llenos de energía para hacer todas las cosas que queremos, y la gente exitosa sigue hasta que obtiene sus metas. También debemos sacar el máximo provecho de nuestro tiempo, no es bueno enfocarse en no tener el suficiente para hacer todo lo que deseamos. Pretendemos usar cada momento de la manera más eficaz posible y disfrutarlo. Haz que el tiempo trabaje para ti, no al revés.

No elijas sentirte estresado a menos que haya una muy buena razón para ello. Puedo decirte que yo ahora me siento mucho menos estresada que antes. ¿Esto significa que trabajo menos o que tengo menos fechas límite?, ¡rotundamente no!

Finalmente, ser capaz de controlar tus emociones y cambiar tu estado de ánimo en un instante es una de las lecciones más valiosas que he aprendido de la PNL. En la montaña rusa que se vive cuando se persiguen las metas, tiene que poderse tratar con lo escabroso y lo suave. Con lo suave es fácil lidiar porque representa las buenas noticias; es invaluable si también puedes tomar lo escabroso, mantenerte positivo, sacar las enseñanzas y avanzar tan rápidamente como sea posible y tratar con todo de la manera más emprendora posible. **Disfruta** aprovechar lo mejor de ti mismo, cada hora de cada día.

Consejo: La próxima vez que te sientas presionado, relájate y colócate en medio de un recuerdo positivo y feliz. ¡Cuenta hasta diez y vuelve a empezar!

Capítulo 8

"Un viaje de mil kilómetros empieza con un solo paso."

Lao-Tsé, filósofo chino

Empecemos

Tu momento de la verdad

Tienes el poder de controlar lo que piensas, cómo te sientes y lo que haces. Ahora es tu momento de la verdad porque es tiempo de ponerse en acción. Decidiste que quieres más de tu vida, has trabajado en tus metas y te he ayudado con la mentalidad y las creencias que necesitas para tener éxito. Ahora es momento de que vayas por lo que quieres. Algunos de ustedes pueden estar empezando a sentirse poco animados conforme nos acercamos a su momento personal de la verdad y eso es normal. Reconoce dónde estás y de dónde provienen esos sentimientos, y si necesitas trabajar más en tu mentalidad, entonces ¡hazlo **ahora** porque va a empezar lo bueno!

Tengo que revelarte un secreto que la gente exitosa ya sabe. Uno de los mayores mitos es que se necesita un acto sobrehumano para alcanzar metas. Ese no es el caso, son las pequeñas decisiones que tomamos las que afectan nuestro destino, tanto como los grandes; si tomamos suficientes decisiones pequeñas entonces llegaremos a la meta. Una vez le pregunté a mi profesor:

"¿Cuál es el secreto para lograr tus metas?".

Todavía pienso en su respuesta por lo menos una vez al día. Dijo:

"¡Seguir hasta que las consigas!".

Es un enunciado extraordinariamente simple y muy sabio que me ha guiado por los grandes desafíos de la vida. Apégate a él y siempre lograrás tu meta. La Navidad pasada hubo un chiste que uno de mis hijos leyó en su galleta sorpresa a la hora de la cena. Decía:

"¿cómo te comes un elefante?".

La respuesta era:

"en trocitos pequeños".

Es lo mismo con las metas. Cada vez que tomamos una decisión comenzamos a crear nuestro futuro, así como también hay consecuencias. Es importante pensar bien y saber que no puedes planear todas las eventualidades, es imposible, tienes que lanzarte al vacío, tener fe y aprender a volar.

"Desde hace tiempo he llegado a creer que las personas nunca quieren decir la mitad de lo que dicen, y que lo mejor es ignorar su charla y juzgar sólo sus acciones."

Dorothy Day

Cuando puse mi negocio había leído todos los libros de administración y hecho mi capacitación de PNL, que me enseñó que si estás dispuesto a hacer lo que sea necesario para lograr tus metas, llegarás a ellas. Creía totalmente que mi negocio sería un éxito porque pensaba que yo era buena en lo que hago como capacitadora, consultora y asesora, y suponía que podría hacer crecer una empresa exitosa en estas competencias. Había planeado todo en lo que pude pensar: sitio web, folletos, redes, oficinas y lugares de reunión.

Así que, cuando tuve que posponer mi primer curso estaba tremendamente decepcionada, ¿por qué?, pues pronto descubrí que no sólo necesitaba ser una capacitadora y asesora de primera clase, sino que también necesitaba saber cómo hacer crecer un negocio y ser una mujer de negocios exitosa. Aunque yo era muy buena en capacitación, era un desastre en mercadotecnia, ventas y administración financiera, es decir, todas las cualidades importantes cuando diriges un negocio; esto me llegó como una sacudida y tuve que adquirir o desarrollar esas competencias muy rápido. Decidí contratar ayuda de medio tiempo para establecer y operar mis sistemas financieros y mercadotecnia. Sabía que debía mejorar mucho en venderme a mí misma, así que empecé a buscar grandes vendedores y exitosos emprendedores como modelos. Lo importante era que estaba tomando medidas. Algunas veces eso se sentía como dar dos pasos hacia adelante y uno hacia atrás, pero eso no importa *en tanto siguiera avanzando*.

Nuestra sociedad está muy acostumbrada a la gratificación instantánea mediante la web, los correos electrónicos, los mensajes de texto y la televisión, pero necesitamos tener un enfoque de largo plazo si realmente queremos tener éxito. Por ejemplo, si hubiera adoptado un punto de vista de corto plazo después de que pospuse mi primer programa de capacitación, *The Change Corporation* podría haber dejado de existir en ese mismo momento. Da pasos pequeños y sencillos y cuando las cosas no vayan según lo planeado, aprende de ello y trabaja en lo que necesites para hacerlo de manera diferente la próxima vez.

Si no emprendes ninguna acción, simplemente nada cambiará. Recuerdo una visita a un centro comercial que hice hace dos años porque quería algunos libreros nuevos para mi estudio. Había visto los que quería y estaba encantada porque después de Navidad estaban de oferta. Compré dos pequeños y cuando fui a pagar descubrí que debían armarse en casa, en otras palabras, te los daban desarmados. Me sentí muy decepcionada al descubrirlo y, por supuesto, eso explicaba por qué estaban más baratos que otros. De cualquier manera, no disponía de mucho efectivo en esa época, así que los compré y me dispuse a llevarlos a casa en la cajuela del coche. Incluso meter y sacar las dos grandes cajas fue un verdadero esfuerzo, las dejé al fondo de mi garaje, donde no estorbaran. Dos años después ni siquiera las había abierto y, al final, las llevé a una venta de garaje y las vendí a un entusiasta del bricolaje.

Eso es lo que te pasará si no emprendes alguna acción después de leer este libro. Es como tener todos los secretos del éxito en una caja de muebles desarmados esperando el día en que te llegue la motivación para empezar y, entre más lo dejes, menos probable es que hagas lo que tienes que hacer. En 1927, el físico alemán y Premio Nobel, Werner Heisenberg, propuso que no hay certeza de 100%. Por tanto, si esperas a tener 100% de certeza antes de que iniciar alguna acción, no avanzarás. La gente exitosa sabe que nunca lo sabrá todo y aun así va por todo. Esa ha sido mi gracia salvadora en muchas situaciones difíciles, aparte de *actuar como si*.

He conocido una serie de personas que esperaban que les rociara con polvo mágico para que salieran de la sala *transformadas*. Me gustaría que fuera tan fácil. Si yo tuviera polvo mágico, entonces sería una mujer muy rica. Una persona o un libro sólo pueden ser el guía de tu viaje, tú tienes que asumir la responsabilidad de hacer los cambios que quieres en tu vida; así que si esperas polvo de hada, estás leyendo el libro equivocado. Es hora de que pienses cuál va a ser tu primer paso y de que empieces, porque nada cambiará hasta que lo des.

Cómo empezar

"Hazlo o no lo hagas. No hay ensayo."

Yoda, maestro jedi

Cuando empieces, lo más importante que debes recordar es ir por tus metas con un nivel de compromiso de 100%. Me encanta esa cita de *La guerra de las galaxias*, porque intentar emprender acciones es como si no tomaras ninguna; si te dijera que "intentaré" que nos veamos para comer la próxima semana, ¿crees que estoy realmente comprometida en reunirme contigo?, creo que no. La palabra *intentar* se usa en español como una excusa para hacer algo de manera poco entusiasta o para no hacerla en absoluto. En relación a esto, en la PNL una de las creencias importantes es que:

"cualquier cosa menor que 100% es sabotaje".

Eso significa que si no estás preparado para ir por algo a 100%, entonces no desperdicies tu tiempo ni tu dinero porque estarás saboteando tus resultados desde el principio. Por ejemplo, cuando estaba parada al pie de la fogata, en la primera noche de mi curso de capacitadora, para caminar sobre fuego, no "intenté" caminar sobre él, eso hubiera sido como pedir que me quemaran. Me enfoqué en un compromiso de 100% en mi mente y mi cuerpo para caminar sobre el fuego y crucé a salvo esa noche y todas las demás.

Lily y Tony. Sabotear su estilo de vida

Mis clientes compraron una casa nueva que necesitaba una renovación total. Estaban recién casados y a ambos les entusiasmaba el proyecto, pero los dos estaban muy ocupados en trabajos demandantes. Los meses pasaban y sentían que estaban viviendo en medio de una zona de obras, mientras ninguno de ellos tenía tiempo para tratar la situación de la casa. Esto presionó su relación y estaban a punto de separarse por un tiempo cuando llegaron a verme. Comenzaron a entender que la renovación de la casa había sido un proyecto demasiado ambicioso para ellos en esa etapa de sus vidas, en la que tendrían que haberse enfocado en otras cosas, les apasionaban más sus carreras profesionales y divertirse juntos. Vendieron la casa, compraron una nueva propiedad y recuperaron sus vidas. Sabían que tomarían otro proyecto de renovación cuando pudieran prestarle la atención que merecía.

Para empezar, hay una serie de pasos que debes dar. Éste es un resumen de lo que hemos tratado hasta ahora.

- Primero que todo, aplica las técnicas de este libro, fíjate metas, enfócate en lo que quieres, opera en causa, aprende a creer en ti mismo, utiliza tus recursos internos plenamente. Si alguna vez empiezas a sentirte sin recursos cuando consideres emprender alguna acción, pregúntate: "¿con qué propósito me siento así?, ¿es una creencia limitante que todavía tengo que cambiar?". Comienza a crear nuevos puntos de referencia para ti mismo.
- Segundo, disponte a ser flexible en tu enfoque y prepárate para hacer algo diferente, no, como dije antes, lo que siempre has hecho. Pregúntate si estás preparado para cambiar tus circunstancias con el fin de lograr tu meta. ¿Estás preparado para fijar límites y apegarte a ellos?. Por ejemplo, si hay algo que quieres cambiar en tu relación, ¿estás preparado para fijar un nuevo límite y apegarte a él? Tengo una cliente que ha vuelto con su novio más veces de las que puedo contar porque cuando llega su momento de la verdad no respeta el límite ni hace algo diferente. Me pregunto cuándo será su dolor tan grande que finalmente haga algo distinto.
- Tercero, y muy importante, prepárate para hacer **lo que sea necesario** para alcanzar tu meta. Cuando pregunto en mis sesiones de prueba si las personas están preparadas para hacer lo que sea necesario, puedo garantizar que siempre habrá unos pocos que levantarán

la mano inmediatamente. Algunos mirarán primero alrededor para ver quién más ha levantado la mano y otros tendrán miedo porque no saben lo que eso podría significar para ellos.

El miedo es como muchas otras cosas, puede ser desproporcionado en nuestra cabeza, se siente peor porque nos centramos en él en contraposición a centrarnos en todas las cosas que van bien. Mi estrategia cuando trabajo el miedo es preguntarme a mí y a mis clientes: "¿qué es la peor cosa que podría ocurrirte en tu camino para lograr tu meta?". Para mí era pensar que tendría que mudarme a una casa más pequeña si el negocio necesitaba más inversión de efectivo. Una vez que pensé en eso y que lo analicé con mis dos hijos, no pareció una posibilidad tan aterradora. En mi experiencia, he descubierto que una vez que has llegado a describir la peor cosa, ésta rara vez ocurre. También, como ya has visto, dar pasos pequeños hacia tu meta puede ser una buena manera de superar cualquier miedo que tengas. ¿Estás listo para empezar?

Desarrollar tu plan personal de viaje

Vamos a trabajar con un ejercicio que te pondrá en marcha en este viaje. Hasta ahora he corrido en cuatro maratones en mi vida; creo que un maratón comienza y termina con un único paso y que cada paso que recorro es un paso más cerca a la línea de llegada. Esto hace que el trayecto sea más sencillo y me motiva a seguir, incluso cuando el camino parece muy largo.

Cuando antes trabajamos en nuestras metas, lo hicimos hacia atrás, desde el punto en el cual habíamos logrado nuestra meta. Esta vez, mientras armamos nuestros planes personales de viaje, vamos a trabajar hacia adelante, partiendo desde ahora. Vamos a centrarnos en el año que viene para mantener nuestros planes manejables. Cada año, en diciembre, sigo el proceso de recordar lo que he logrado el año anterior y revisar mis metas para el año siguiente, algunas de estas metas serán independientes, otras apoyarán otra meta a más largo plazo. La lección importante es mantener el paso.

Vuelve a las metas que te fijaste en el capítulo 3, considera por un momento las metas que te fijaste para un mes, tres meses, seis meses y un año; comienza el ejercicio poniendo la fecha de un año a partir de la fecha de hoy y escribe otra vez todas las metas que te fijaste para el próximo año. A medida que las escribes, comienza a pensar en las acciones que necesitas emprender para lograr cada una de ellas:

- dentro de 24 horas

- dentro de 48 horas

- dentro de 1 semana

- dentro de 1 mes

- dentro de 3 meses

- dentro de 6 meses.

¿Captas la idea? Cuando divides la meta y las acciones en partes más pequeñas es fácil empezar. La otra enseñanza invaluable que obtengo de este ejercicio es que busques un compañero de plan de viaje. En serio, éste debería ser alguien a quien respetes y que te enfrente severamente en caso de que no te apegues a tus compromisos. Por tanto, tu compañero no tiene por qué ser necesariamente tu mejor amigo que sentirá compasión por todas tus excusas. Deberá ser alguien que te desafíe y que te recuerde qué estás persiguiendo. Lo ideal es que sea alguien que conozcas que también haya leído este libro o alguien que sea abierto y sincero contigo, y que te reclamará si es necesario. Si no te acuerdas de nadie que merezca el puesto, entonces mándame un correo electrónico (los detalles en la parte posterior de este libro) porque mantenemos un registro de compañeros y te pondremos en contacto con alguien que pueda ayudarte y que te pedirá que hagas lo mismo por él. Concerta citas con tu compañero en una semana, un mes, tres meses, seis meses y al primer aniversario de este plan. Éstas pueden ser en persona, por teléfono o por correo electrónico. Deberás dar a tu compañero una copia de tus metas y de tu plan.

Ejercicio 19

Mi plan personal de viaje

1. ¿Qué habré logrado el (fecha en el plazo de un año)?

- ....
  ....
- ....
  ....
- ....
  ....
- ....
  ....
- ....
  ....
- ....
  ....

2. ¿Cuál es el primer paso que tengo que dar en las próximas 24 horas?

3. ¿48 horas?

4. ¿Una semana?

5. ¿Un mes?

6. ¿Tres meses?

7. ¿Seis meses?

8. ¿Un año?

Recuerda enviar una copia de tu plan de acción del primer año a tu compañero y repite este proceso cada año hasta que logres tu meta.

¿Y si emprendes acción ahora?

Tan pronto como empieces a emprender acciones, empiezas a crear tu futuro en el presente y tu objetivo se sentirá cada vez más real conforme avanzas. Escribe y pega la meta por toda tu casa y oficina; dile a las personas que sepas que te apoyarán a seguirla. Una amiga mía quería reemplazar la chimenea de su sala, había comprado una casa nueva, pero la chimenea estaba pasada de moda; vio la foto de la que quería en una revista de decoración, pero era sumamente cara porque había ganado muchos premios de diseño; sin embargo, se enamoró de ella, recortó la fotografía, la pegó en su refrigerador y la miraba cada día. Un año más tarde estaba viendo la chimenea real en su sala.

Sabes que cada paso que das es un paso más cercano a tu objetivo. Las cosas cambiarán a tu alrededor, te darás cuenta que empiezas a atraer a la gente y a las oportunidades que más te ayudarán. Como hemos analizado, no importa si no sabes exactamente cómo vas a lograr tu meta, concéntrate en ella, sé abierto a las posibilidades y estate preparado para hacer algo. Algunas personas suponen que tienen que dar pasos enormes. Eso no es verdad; el mayor secreto de todos es seguir avanzando y estar preparado para hacer algo diferente una vez que llegues allí.

Consejo: Sin importar lo que pase, sigue en el cuadrilátero. Como decía Winston Churchill: "Nunca te des por vencido. Nunca te des por vencido. Nunca, nunca..., en nada, sea grande o pequeño, enorme o insignificante, nunca te des por vencido, salvo ante convicciones de honor y sentido común. Nunca cedas ante la fuerza. Nunca cedas ante el poder aparentemente aplastante del enemigo".

Capítulo

9

"Las personas son responsables de su propio desempeño.
Hay retroalimentación a tu alrededor..., si prestas atención.
Si no recibes la suficiente, pídela."

Gina Imperato

Mejora con la retroalimentación

"¿Puedo hacerte algunas observaciones?"

¿Cuántos de nosotros hemos experimentado esa sensación incómoda en la boca del estómago nada más al oír las palabras *retroalimentación, observaciones, evaluación* o incluso *reunión para revisar el desempeño?* Sé sincero contigo mismo, si pudieras elegir entre recibir retroalimentación o limpiar el baño, ¿cuál elegirías? Pocos de nosotros disfrutamos oír acerca de nuestros defectos y aún menos disfrutamos describirle a los demás los suyos. Aunque algunos quizás hayan tenido jefes en el pasado que parecían saborear toda la retroalimentación durante el evento anual, de tal forma que te hayan dejado tambaleando e intentando recordar la mayoría de los ejemplos citados, ya que ocurrieron hace mucho tiempo.

Mi meta en este capítulo es ayudarte a entender la retroalimentación como un regalo que te catapultará al siguiente nivel de desempeño. En el capítulo 8 analizamos lo importante que es emprender acciones y experimentar con diferentes estrategias cuando avanzas en el camino hacia tus metas. La retroalimentación es la forma de saber si lo que hacemos está funcionando, es la manera de conocer si vamos por el buen camino. Si no entendemos cómo lo estamos haciendo corremos el riesgo de invertir tiempo, energía y dinero en estrategias que no son eficaces, como el hámster que gira sin cesar en su rueda. Si no funcionan nuestros métodos, corremos el peligro de hacer más de lo mismo, a menos que obtengamos retroalimentación. Vivimos en un mundo de retroalimentación instantánea en lo que al correo electrónico y mensajes de texto se refiere, pero pocos crecen al obtener retroalimentación instantánea de desempeño personal. De hecho, la mayoría tenemos estrategias para hacer justo lo contrario, esto es, mantener la retroalimentación de desempeño personal acorralada con estrategias de evasión bien desarrolladas y pantallas de humo.

Una vez fui testigo en un curso de un momento en el que pidieron a dos buenas amigas que se retroalimentaran una a la otra; una de los dos me dijo que se sentía muy incómoda por tener que hacerlo, lo que me dio mucha curiosidad, ya que yo sabía por cuanto tiempo habían sido amigas. Le pregunté si en los 20 años de su amistad alguna vez le había hecho observaciones a su amiga acerca de algo que realmente fuera importante. Nunca lo había hecho. Le pregunté lo que le diría a su amiga si tuviera que hacerlo, me dijo que le sugeriría que se vistiera con colores más brillantes, ya que siempre usaba ropa oscura que no le quedaba bien. Luego le pregunté qué es lo que le había impedido decírselo a lo largo de 20 años y me respondió que no quería lastimar sus sentimientos. Le reencuadré el escenario preguntándole si pensaba qué era mejor para su amiga, seguir siempre igual o tener la oportunidad de hacer algo diferente y sentirse potencialmente mejor respecto a sí misma. Me miró y dijo que nunca lo había pensado de esa manera, que ella podría haber retenido el avance a su amiga. Regresó al grupo, respiró profundamente y le dio a su amiga retroalimentación. No fue tan aterrador como alguna de las dos había previsto y les permitió ser verdaderamente sinceras entre ellas por primera vez en 20 años.

La retroalimentación nos ayuda a pasar al siguiente nivel **más rápidamente,** porque nos auxilia a ajustar nuestras acciones en tiempo real en lugar de en algún punto arbitrario de medida, o aún peor, no modificarlas nunca. Todos los buenos negocios buscan activamente retroalimentación para descubrir lo que hacen bien para sus clientes y lo que necesitan cambiar.

También es una herramienta clave para la asesoría en cuanto al desarrollo personal se refiere; es la principal contribución que puedo hacerles a los individuos y las compañías con las que trabajo. Si fueran mejores y estuvieran más dispuestos a darse retroalimentación unos a otros entonces mi función pronto llegaría a ser superflua.

¿Qué es la retroalimentación?

La retroalimentación trata de evaluación, no es sólo acerca de lo que necesita mejorarse, sino también de qué estuvo bien en el desempeño. A menudo la segunda parte se pasa por alto en nuestra sociedad, que parece estar demasiado enfocada en ella en cuanto a la crítica; no es de extrañar entonces que la retroalimentación sea temida por la mayoría. Ésta sólo funciona si lleva a un cambio, si el receptor la escucha y la integra, sólo entonces logra su propósito. En nuestra socidad el miedo a ser sincero a menudo conlleva al efecto *halo*, que ocurre cuando damos una retroalimentación en exceso elogiosa porque no queremos lastimar los sentimientos del receptor o no queremos crear problemas; a menudo la denomino *retroalimentación de sandeces.* Con frecuencia, organizaciones enteras se coluden con ese sistema porque mantiene todo funcionando sin problemas. He conocido viejos amigos que se dan las mejores calificaciones en sus formularios de evaluación anual que no tienen nada que ver con su desempeño.

¿Por qué nos comportamos de esa manera? El experto en administración, Jerry B. Harvey, argumenta que nos sentimos tentados a no decir nada o a disfrazar la retroalimentación negativa debido a lo siguiente:

- **Ansiedad ante la acción:** dar retroalimentación sincera genera una ansiedad inmensa en aquel que la da, ya que piensa en actuar de acuerdo con lo que sabe que es correcto. Como resultado actúa de una manera incongruente con sus creencias.

- **Fantasías negativas:** quien da la retroalimentación desarrolla en su mente las consecuencias negativas de decir la verdad hasta que queda completamente paralizado con sólo pensarlo.

- **miedo a la separación:** probablemente esta es la razón más importante para la retroalimentación de sandeces, ya que quien la proporciona teme la separación de la norma o del grupo si corre el riesgo de hablar claro. Si volvemos a pensar en las dos amigas, una estaba aterrada pensando que sus observaciones cambiarían la relación que tenían y perdería la amistad que valoraba.

Esto nos da las razones por las que la retroalimentación de sandeces es tan frecuente en la sociedad. La PNL nos ayuda a cambiar nuestro punto de vista respecto a la retroalimentación, tanto al darla como al recibirla. Una de las creencias convenientes de la PNL es que:

"no hay fracaso, sólo retroalimentación".

En otras palabras, sólo hay aprendizaje. En el capítulo 5 ya analizamos esto desde la perspectiva de asumir la responsabilidad. Si verdaderamente lo crees, entonces buscarás la enseñanza que proviene de todas las experiencias con el fin de desarrollarte. La retroalimentación se convierte entonces en algo a lo que se da la bienvenida y no algo que temer; por lo tanto, es fundamental para tu desarrollo.

También hay otras creencias que apoyan nuestra capacidad de dar y recibir retroalimentación.

La percepción de cada uno es su propia verdad

Quizá no estemos de acuerdo con la retroalimentación que nos han dado, pero es verdadera para quien nos la da en determinada situación. La percepción de cada individuo es única y representa su propio modelo del mundo, lo que no la hace ni buena ni mala, sólo verdadera para esa persona. Al aceptar la retroalimentación de alguien estamos reconociendo esa parte de nosotros mismos como esa persona la experimenta. Si todos los miembros de un grupo dan a un individuo la misma retroalimentación, entonces hay algo en lo que pensar.

"Si puedes notarlo, lo tenías."

Escuché a la capacitadora Sue Knight decir esto en nuestra conferencia anual de PNL. En otras palabras, lo que reconocemos en los demás es verdadero para nosotros mismos. Las características de los demás que nos tocan emocionalmente son un indicador de las características que no nos gustan en nosotros mismos. Quizá observes que te desligas de las peculiaridades que no te gustan de los demás, pero éstas a menudo son *puntos ciegos* en nosotros. Para ver algo en los otros debemos tener esa "estructura" en nuestro pensamiento, de otra manera no lo reconoceríamos. Por ejemplo, recientemente hice algunas observaciones a mi hija por no pagar su cuota mensual para el mantenimiento de la casa a tiempo, ¡y luego reconocí ese comportamiento en mí misma al pagar las facturas del negocio! Para mí, fue un ejemplo de punto ciego.

Hacernos cargo de esas creencias nos ayuda a empezar a cambiar nuestra mentalidad respecto a la retroalimentación y comenzar a verla como algo valioso. También empieza a quedar claro que la retroalimentación está continuamente a nuestro alrededor si nos tomamos el tiempo de buscarla. No es sólo lo que los demás nos dicen, sino que la obtenemos de todo lo que hacemos; por ejemplo, si todo el mundo se queda callado cuando sugieres algo, es muy probable que su retroalimentación silenciosa signifique que no les gusta la idea.

Cómo dar y recibir retroalimentación

En la PNL, un enfoque popular para dar retroalimentación es la *retroalimentación sándwich*; no es el único enfoque pero es el que personalmente encuentro más útil. Todo cambio ocurre en un nivel inconsciente y la mente inconsciente necesita oír retroalimentación rápidamente después del acontecimiento. La retroalimentación que se almacena durante el año para el día de la junta de evaluación de desempeño es una pérdida de tiempo. Una de las quejas más comunes en torno a la retroalimentación es que tiene lugar mucho tiempo después de que ocurrió el suceso que se revisa. La retroalimentación rápida se desarrolla en la rutina diaria, lo ideal es que sea en el momento en que sucede el hecho, al final de una reunión o al final del día.

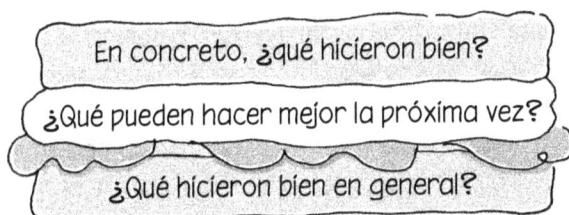

> En concreto, ¿qué hicieron bien?
>
> ¿Qué pueden hacer mejor la próxima vez?
>
> ¿Qué hicieron bien en general?

El proceso de retroalimentación sándwich está formado por tres etapas, y mientras se da, se mantiene contacto visual: todo el tiempo. Primero, comprueba que estás en compenetración con la persona y luego dile lo que hizo bien, eso hace que la mente inconsciente se abra y se interese en escuchar. Luego le das a la persona sugerencias específicas respecto a lo que puede hacer aún mejor la próxima vez; a menudo a esto se le llama la "carne" del sándwich. Finalmente, terminas con un enunciado positivo general; también puedes confirmar lo aprendido al preguntar a la persona que recibe la retroalimentación qué hará de manera diferente la próxima vez. Lo importante es decir las observaciones tal como son. Sé tan directo como sea posible, no des oportunidad a que haya malas interpretaciones y da tantos ejemplos concretos como puedas. La retroalimentación vaga no tiene ningún sentido.

La mente inconsciente oye el enunciado positivo inicial, lo que la hace mucho más receptiva a escuchar las áreas en las que hay que mejorar. Una vez más, es importante enfocarse en lo que la persona debe hacer de manera diferente y no en aquello que debe evitar. Como aprendimos antes, la mente inconsciente no puede procesar una negación. ¿Recuerdas: "no pienses en un árbol azul"?, para no pensar en él tienes que pensar primero en un árbol azul, así que si nos concentramos en lo que no deberíamos hacer, atraemos exactamente eso a nosotros.

Steve. Sentir la importancia del sándwich

Steve es conocido como el "Hombre Carne", lo que significa que da retroalimentación muy directa en el medio del sándwich. Cuenta una historia de cuando su jefe usaba la retroalimentación sándwich con el equipo. Steve había estado durante años en las fuerzas especiales y no consideraba que necesitaría escuchar lo bueno, sólo quería la carne. Le dijo a su jefe que podía ser directo con él y éste le preguntó tres veces si era lo que realmente quería y él dijo "sí". Entonces el jefe empezó a darle sólo la carne. Pasaron varias semanas y Steve se dio cuenta que estaba evitando a su jefe. De hecho, si lo oía venir por el pasillo, se deslizaba en otro despacho para esconderse; no podía entender su comportamiento hasta que un día le cayó el veinte. Recibir la retroalimentación no tenía nada que ver con ser duro y sí mucho con el equilibrio. Si das elogios recibirás elogios y eso ayuda a desarrollar confianza. Pidió a su jefe que volviera a la retroalimentación sándwich y pronto empezó a darse cuenta de que otra vez se sentía mucho más feliz de toparse con él en el pasillo.

Recibir retroalimentación es un precursor fundamental para poder y tener el derecho a darla. Tu capacidad de recibirla es esencial para tu aprendizaje y tu crecimiento continuos, así como también es clave para tener unas relaciones saludables tanto en los negocios como en la vida. Recibirla es también una habilidad que puede aprenderse y practicarse; para ello, necesitas no olvidar las creencias que se analizaron antes.

Si ves todo como retroalimentación, entonces el potencial de fracaso no existe, lo que hace más fácil escuchar y considerar la retroalimentación que recibes; antes de recibirla ubícate en un estado de ánimo emprendedor, recuerda cómo aprendimos a anclarnos a un estado de ánimo positivo a partir del pasado (capítulo 7). Los mejores estados pueden ser apertura, humildad, confianza en ti mismo o curiosidad. Anticipa la retroalimentación y acéptala cuando sea apropiada, de tal forma que siempre sea un aporte continuo para ti.

Las habilidades específicas que te preparan para recibir retroalimentación son las siguientes:

- Escuchar cuidadosamente y mantener la mente abierta. No puedes hacer juicios de validez si tienes una mente cerrada.

- Suspender los juicios. No montes tus defensas, en lugar de eso, tómate tu tiempo y toma algunas notas mentales para revisarlas más tarde.

- Deja terminar a quien te da la retroalimentación. Espera hasta que haya finalizado y tengas una imagen completa.

- Parafrasea para comprobar lo que has oído y aclarar tu percepción.

- Pide ejemplos concretos si no te los dan.

- Evita argumentar, negar, justificar o minimizar. Es su punto de vista. Decide lo que quieres hacer con la información. Busca patrones con otra retroalimentación que hayas recibido antes.

- Responde de manera que presuponga aceptación, diciendo cosas como: "¿de qué formas hago esto?" o "¿qué efecto tiene eso en usted?".

- Reúne información de otras fuentes.

- Decide qué es lo siguiente que quieres hacer. Piensa en cómo puedes usar la información para mejorar tus resultados. Imagínate habiendo aceptado la retroalimentación y comportándote ahora de tal forma que demuestras que lo has hecho así.

- Agradece a la persona por darte retroalimentación.

La última medida del éxito de dar o recibir retroalimentación es que tú o la otra persona integren la enseñanza que de ella se desprende.

Rachel. Correr el riesgo de desarrollar una relación increíble

Rachel y Eddie habían estado juntos durante cinco años y su relación estaba estancada: tenían poco en común y dedicaban la mayor parte de su tiempo libre a estar con sus amigos. Rachel supo de la retroalimentación en uno de nuestros programas y decidió usarla como un último y desesperado intento por salvar su matrimonio, ya que todavía quería a su esposo. Hicieron un trato entre ellos: ambos se comprometerían 100% para entender las necesidades del otro por primera vez en su relación. Esto supuso que serían totalmente sinceros entre sí acerca de sus sentimientos: lo que estaba bien y lo que había que cambiar en su relación. Necesitaron valor para dar el nivel de retroalimentación que se requería en ambos sentidos, pero en esos momentos más abiertos aprendieron más que nunca del otro y de lo que lo hacía feliz. Acordaron enfocarse en cumplir las necesidades de cada uno en una atmósfera de profunda comprensión. Su relación avanzó a un nivel totalmente nuevo conforme se veían el uno al otro por primera vez y disfrutaban desarrollar y cambiar a medida que sus niveles de comprensión crecían.

Ejercicio 20

Práctica de dar y recibir retroalimentación para ti mismo

Parte 1. Dar retroalimentación

Lee las preguntas y decide a quién quieres darle retroalimentación y con qué propósito, esto te permitirá planear el evento. Recuerda considerar también cómo te sentiste al dar la retroalimentación.

• La persona a la que quiero dar retroalimentación es:

- Esto es lo que quiero decir y el resultado que quiero lograr al dar esta retroalimentación.

- Anota a continuación qué sentiste al dar la retroalimentación.

Parte 2. Recibir retroalimentación

Esta vez identifica tres personas que sean importantes para ti en el contexto del área respecto a la que quieres la retroalimentación, por ejemplo, negocios, carrera, salud y forma física, etcétera. Elige una persona que te guste, una a la que admires y una con la que tengas dificultades.

- Las personas de las que quiero retroalimentación son:

   1.

   2.

   3.

- Pídeles que te retroalimenten con la técnica de retroalimentación sándwich. Sigue el conjunto de lineamientos de este capítulo para que la recibas de la manera más efectiva e ingeniosa.

- Anota a continuación lo que aprendiste del proceso.

¿Y si integraras la retroalimentación en tu vida diaria?

Incorporar la retroalimentación te ayudará a acelerar tu proceso de desarrollo. En relación a tus metas, si consiguieras retroalimentación de tus acciones, finalmente encontrarás un camino, te lo garantizo. Notarás que tus relaciones con las personas en todas las áreas de la vida mejorarán, serán más profundas y más significativas a medida que la congruencia, la apertura y la honestidad se convierten en el enfoque y no en la evasión. Algunas relaciones pueden sentirse incómodas con esto debido a que al principio del proceso no se desarrolló suficiente compenetración. Si encuentras que alguno de tus colegas, amigos y familiares no quieren jugar el juego de la retroalimentación, entonces considera el valor a largo plazo de estas relaciones, cuya mejor manera de describirlas es de superficiales. Lo más importante es que llegarás a ser aún mejor en lo que haces y que tu capacidad de dar y recibir retroalimentación será notada y admirada.

Consejo: Dar retroalimentación una vez al año es como hacer dieta en tu cumpleaños y preguntarte por qué no pierdes peso.

10

"Recuerda siempre que tu propia resolución de triunfar
es más importante que cualquier otra cosa."

Abraham Lincoln

¿Lo quieres o qué?

Hemos recorrido juntos un largo camino, ¿verdad?, así que no me culpes si como resultado de leer este libro tienes éxito. Mi meta ha sido inspirarte a pensar y sentir de forma diferente respecto a tu vida, ver lo que es posible e ir por lo que quieres en el mundo.

Gracias a este libro te he dado ideas, habilidades, herramientas y la motivación para cambiar tu vida, para que de verdad vayas por lo que quieres. Ahora que te acercas al final tienes que elegir: puedes sentirte feliz por haber aprendido algo nuevo y volver a deslizarte silenciosamente a la zona gris, o bien puedes moverte al lado de la causa y comenzar a alimentar las poderosas creencias que generarán lo que quieres. Si es así, estás listo para dar el primer paso. Tal vez ya lo has dado en tu mente o en la realidad conforme has construido tu camino mediante todos los ejercicios de transformación en este libro. El cambio lleva a más cambios y cada paso que das conlleva un éxito que te inspirará a hacer el siguiente movimiento; has aprendido que lo más importante es perseverar hasta que alcances tu meta.

Alcanzar tu objetivo es una experiencia asombrosa y te deseo muchas de ellas.

¿Cómo quieres ser recordado?

Así que la cuestión es: ¿cuál quieres que sea tu legado?. No importa dónde estés en este momento o qué edad tengas, nunca es demasiado tarde para cambiar. Deseo que vivas tu vida con plenitud, vive tu vida en el ahora, comprométete 100% en todo lo que hagas, experimenta todo lo que tengas la oportunidad de experimentar; si alguien te pide que participes en algo, di **sí**, ésa es otra de mis filosofías de vida, y mientras más miedo tengas a esa oportunidad, mejor, ya que el aprendizaje será mayor. Experimenta todo, aprende de tus experiencias y de la retroalimentación que obtienes. Recuerda que no hay fracasos, sólo retroalimentación.

Me enamoré de un hombre que parecía tener todo lo que yo había imaginado que quería; era alto, moreno y apuesto, con largo cabello oscuro y un cuerpo delgado y musculoso. Había estado en la fuerza aérea y era campeón de karate. Era mi propio personaje de James Bond, mi chico de la caja de chocolates. Me hacía reír mucho y me ayudó a creer de nuevo en los cuentos de hadas. Todas mis precauciones habituales acerca de qué tan rápido abrirle mi vida y mi corazón se evaporaron ante la excitación y pasión de nuestro encuentro. No reservé nada y arriesgué todo, incluyendo mi vida, mis hijos y mi negocio. Me deje amar y amé, profundamente, no importaba nada más. Mis mejores amigos y mi familia estaban preocupados por mí, me aconsejaron que recapacitara, que me tomara mi tiempo. Me expuse a mis colegas, amigos y familia como una mujer de sentimientos profundos y desatados que podía hacer caso omiso a mi don normal de tener los pies en la tierra y de ser racional en todas las áreas de mi vida.

El final de la relación me dejó totalmente aturdida, hueca en mi interior y sintiéndome como tonta. Pero lo haría todo de nuevo, no cambiaría ningún momento de pasión por proteger mi orgullo, ¿por qué? Porque gracias a esa experiencia aprendí lo que en realidad quería en una relación y aprendí a ser auténtica, esto es, a ser yo misma, porque eso es suficiente. A eso me refiero cuando digo que quiero que experimentes todo. No nos morimos por ser tontos; entonces, ¿por qué le tenemos tanto miedo? Uno de mis poemas favoritos es "La invitación" de Oriah Mountain Dreamer. Éste es un pequeño fragmento:

No me interesa tu edad,
quiero saber si te arriesgarías a parecer un tonto,
por amor,
por tus sueños,
por la aventura de estar vivo.

Después de todo, la vida no es un ensayo, así que ¿por qué hay tantas personas que la viven como si lo fuera?, demasiado asustadas como para asumir riesgos y agachando la cabeza por si alguien descubre su potencial real. Entra en tu vida parándote en el escenario, fuera de la zona gris, de una vez por todas, de otra manera, como dijo John Lennon de manera memorable, "La vida es lo que te sucede mientras estás ocupado haciendo planes".

Una de mis maestras, Peggy Dylan, describe el cuerpo como nuestra plegaria, esto es, la manera en que nos relacionamos con el mundo. Si lo vemos como nuestra plegaria, ¿por qué abusamos de su bienestar con alcohol y comida chatarra o lo sujetamos con una correa apretada para no tener ninguna idea sorprendente e imaginativa que nos acerque a nuestros sueños? Piénsalo, ¿cómo tratas a tu cuerpo en este momento?, ¿cómo lo mantendrás en equilibrio mientras persigues tus metas? Por lo menos, haz ejercicio regularmente, bebe agua a diario en abundancia, lleva una dieta balanceada y duerme lo suficiente. Éstos son los requerimientos mínimos para que alguien que persigue sus metas mantenga sus niveles de energía y bienestar al máximo. Ve tu vida como un camino para crecer, si no haces nada no hay oportunidad de aprender; por el contrario, si aceptas las oportunidades y los retos que se presenten en tu camino, obtendrás las enseñanzas que de ellos se deriven.

"Todo el mundo necesita seguir aprendiendo. Todo el mundo necesita metas."

Richard Branson

Tus momentos de mayor orgullo

Mientras comienzas tu travesía, concéntrate cada día en lo que has alcanzado, en lugar de en las cosas que no salieron según lo planeado. Como dice la canción, pregúntate cada día:

"¿Qué he hecho hoy para sentirme orgulloso?". No tienen que ser los mayores logros de tu vida, pueden ser cosas simples, como hacer ejercicio, pasar tiempo con alguien que amas, terminar una tarea en el trabajo. Para mí son una mezcla de cosas que me impulsan hacia adelante. Me hago esa pregunta cada día y experimentar mi vida de esa forma significa que todos los días, cuando finalmente me voy a la cama, miro hacia atrás y pienso que hoy fue un buen día. ¿Estas listo para abrir los ojos y concentrarte en tus logros?

Ejercicio 21

Llevar un diario de tus momentos de orgullo

Lleva un diario durante una semana en el que registres todos los logros que tuviste cada día. Ponte el reto de que la lista sea cada vez más larga. Como seres humanos, nos enfocamos de la manera más natural en las cosas que no van según lo planeado, si notas que haces eso, entonces pon dos columnas en cada día de tu diario: una para las cosas de las que te enorgulleces y la otra para las cosas que podrías hacer mejor la próxima vez. La única regla es que la lista de cosas de las que estás orgulloso debe ser más larga.

Conforme registras todo de lo que estás orgulloso, observa cómo comienzas a desarrollar nuevos puntos de referencia en tu sistema de creencias. Recuerda la analogía de construir una casa: crea nuevos puntos de referencia y los ladrillos viejos caerán dejando el edificio muy inestable. Quizá te sorprenda descubrir que eres más exitoso de lo que pensaste o que en realidad eres muy bueno para muchas situaciones. Sé que habrá cosas que notarás por primera vez y otras a las que antes estabas cerrado.

Solicita apoyo cuando lo necesites

En el viaje hacia tus metas habrá momentos en que el camino se vea escabroso y largo, puedes necesitar algo de ayuda adicional para mantener tu paso, lo que a largo plazo te ahorra tiempo valioso.

Si necesitas contigo a alguien que sea un experto en el campo relevante de trabajo, entonces a esta persona se le llama **asesor o mentor**. Un mentor puede proporcionarte apoyo técnico para mantenerte en el camino. Te ayudará reuniendo las herramientas que necesitas para acercarte a tus metas. En las organizaciones, a menudo al personal de alto potencial se le dota de un mentor para guiarlo. Para escribir este libro trabajé con una mentora, que es una experta en este campo ya que se especializa en ayudar a los autores a escribir y publicar sus libros, y también ha escrito los suyos. Al comienzo de éste trabajamos juntas para delinear los mensajes clave que quería transmitir y desde ese momento, cada semana, revisamos mis progresos frente a los objetivos y los tiempos. Originalmente comencé a escribirlo por mí misma, pero sé que esto me ha ayudado a evitar que todo se alargara y el dolor de tener que volver a escribirlo.

También puedes conseguirte un **entrenador o *coach***. Con frecuencia se confunden los términos entrenador y mentor. Un mentor es un experto y, a veces, puede regirse mucho por las reglas; en cambio, un entrenador es un experto facilitador que te hace preguntas hasta que das con las respuestas tú mismo. Si quieres que alguien te mantenga en el camino y te ayude a romper los viejos patrones de dejar las cosas para más tarde y de la falta de confianza en ti mismo, entonces un entrenador será lo mejor para ti. He trabajado con uno algunas veces en mi vida, cuando necesitaba descubrir y romper creencias limitantes acerca de mí y cambiar viejas estrategias. Un entrenador puede ayudarte de verdad a tener mucha más conciencia de ti mismo.

Finalmente, encuentra un modelo de excelencia. Ya he mencionado en este libro lo invaluable que es encontrar a alguien que ya haya logrado lo que tú quieres alcanzar, y descubrir cómo lo hizo. Haces esto imitando sus creencias y estrategias, y también la forma en que usan su cuerpo (esto es muy importante cuando imitas a deportistas). En términos de la PNL diríamos que imitamos:

- sus procesos internos, o cómo hacen las cosas

- su estado interno, o por qué hacen las cosas

- su comportamiento externo, o qué hacen.

Date tiempo para reflexionar respecto a ti mismo. Creo que cuando nos entendemos a nosotros mismos tanto como es posible, así como a los patrones y creencias que desarrollamos, nos beneficiamos del todo. Trabajar con otros y tomarte tiempo para la autorreflexión te permitirá crecer y desarrollarte. Recuerda, no hay fracasos, sólo retroalimentación. La próxima vez que estés en una situación importante, tómate tu tiempo para conectarte con las enseñanzas y, si es posible, pide a un entrenador que te ayude. Tómate el tiempo necesario antes de precipitarte sin pensar a los mismos desafíos una y otra vez; date el espacio para esto y dale la prioridad que merece.

Principios del éxito

Casi llegamos al final y hay sólo unas cuantas cosas más que tengo que decir. Antes que nada me gustaría resumir los principios clave que hemos analizado en el libro y recomendarte que los memorices y los uses como tus planos para el éxito. Si sigues ese camino tendrás éxito. Recuerda perseverar hasta alcanzar tus metas.

Principio 1: ten clara tu meta

Vuelve a consultar la meta más grande que te fijaste al principio del libro, asegúrate otra vez que en realidad te motiva. Ahora comprueba que tu meta sea específica, medible, alcanzable, realista, que tiene una fecha límite y enfócate en ella. Recuerda que cualquier cosa en la que pongas tu atención en la vida crecerá más fuerte.

Principio 2: averigua por qué es una obligación

¿Cuáles son tus razones para querer alcanzar esta meta?, pregúntate: "si no lo hago ahora, ¿cuánto me costará a final de cuentas?". Asegúrate de que la meta es para ti y que no vas a alcanzar la de nadie más.

Principio 3: toma grandes acciones

¿Estás preparado para hacer lo que sea necesario para alcanzar tu meta, incluso cosas que no quieres hacer? Vuelve a consultar tu plan de acción personal, da hoy un paso pequeño y otro grande para empezar a moverte hacia tu meta, desafíate al preguntarte si estás tomando una responsabilidad personal de 100% con tu meta. ¿Estás en sintonía con tu meta?, porque, en la medida en que no lo estés, alejarás tu poder personal.

Principio 4: conoce lo que obtienes

Debes estar muy alerta acerca de lo que funciona y lo que no; solicita retroalimentación y evalúa constantemente tu enfoque. Piensa en esa retroalimentación como un obsequio y recuerda aprender de cualquier acción que no salga de acuerdo al plan.

Principio 5: prepárate para cambiar tu enfoque

Hay un dicho que dice: "¡si haces lo que siempre has hecho, obtendrás lo que siempre has obtenido!". Debes estar preparado para ser flexible, para entrar en lo desconocido, la seguridad es una atadura a lo conocido y lo conocido es nuestro pasado. No hay evolución en ello. Cuando experimentas incertidumbre, estás en el camino correcto. Si te apegas demasiado a cómo alcanzar tu meta, dejas fuera una gran cantidad de posibilidades.

Principio 6: pide ayuda a quienes ya son exitosos

Cuando se hacen cambios importantes en la vida, las personas más exitosas toman como modelo a los que ya "la hicieron", y lo hacen mediante cursos, dejándose dirigir o simplemente pidiendo consejos; probablemente descubrirás que con el apoyo apropiado encontrarás que disfrutas más el proceso de cambio y que tus posibilidades de éxito aumentan mucho.

No hay mucho más que pueda darte; sin embargo, he desarrollado un cuestionario que está diseñado para descubrir qué tanto has cambiado a lo largo de la lectura de este libro y qué tan determinado estás a lanzarte por lo que quieres; te sugiero que uses los resultados como una retroalimentación personal acerca de dónde estás en este momento, ahora que comienzas tu viaje del cambio, y en dónde necesitas estar. Diviértete, disfruta y aprende de los resultados.

Ejercicio 22

Cuestionario "Lo quieres o qué"

1. Tus amigos te describen como:
   a. determinado
   b. errático
   c. cuidadoso
   d. enfocado en los demás

2. Ganas más de un millón de pesos en la lotería, tú:

    a. los inviertes en tus planes para el futuro

    b. los gastas en tu auto preferido

    c. los pones en la cuenta de una sociedad de construcción

    d. los donas a la caridad

3. Cuando tienes planes que son importantes para ti, tú:

    a. piensas en ellos todo el día

    b. encuentras que tus niveles de motivación fluctúan

    c. te concentras en todos los riesgos

    d. llamas a un amigo para pedir ayuda

4. Te regalan una membresía por un año en el gimnasio, tú:

    a. sigues una rutina y vas con regularidad

    b. descubres que es imposible que sigas una rutina y tus asistencias disminuyen

    c. te preocupas por si debes aceptar el regalo

    d. se la regalas a un amigo

5. Tu pareja termina contigo:

    a. piensas en lo que tienes que hacer diferente la próxima vez

    b. lo culpas de todo

    c. pretendes que nada está mal

    d. le das a tus amigos el beneficio de tu experiencia

6. ¿Qué tanto crees que en realidad puedes conseguir lo que quieres?

    a. totalmente

    b. algunas veces

    c. estoy demasiado ansioso para comprometerme completamente

    d. lo hablaré con otros antes de contestar

7. Acabas de conocer a la persona de tus sueños y te enamoras perdidamente. El único problema es que vive en el extranjero:

    a. encuentras la manera de estar juntos

    b. no sabes si te mantendrás en contacto

    c. piensas que toda la idea es demasiado arriesgada

    d. la dejas porque necesitas ir a darle de comer a los peces de tu amigo

8. Cuando alguien te pide retroalimentación, tú:
   a. la das con gusto
   b. pones excusas para evitar el momento
   c. te llenas de ansiedad con sólo de pensarlo
   d. te preocupa que puedas dañar sus sentimientos

9. En el trabajo te piden que aceptes un gran desafío, tú:
   a. dices "sí" inmediatamente y te sientes emocionado por el prospecto
   b. pides dos semanas para pensarlo
   c. te deprimes porque todavía no sabes lo suficiente
   d. le dices a tu jefe que se lo ofrezca a tu mejor amiga porque ella es más capaz que tú

10. Cuando necesitas ayuda, tú:
   a. buscas activamente a alguien que pueda ayudarte
   b. pides consejo a todos tus conocidos
   c. te preocupas por la confidencialidad
   d. buscas a alguien que te pueda ayudar a sentirte mejor

Suma las veces que has elegido cada letra, y consulta a continuación lo que los resultados dicen de ti.

Mayor puntuación de A. ¡Felicidades!, ¡realmente lo quieres!

Si decides salir de la zona gris, estás lleno de impulso y entusiasmo, enfocas tus energías en lo que quieres y asumes la responsabilidad de todo lo que te ocurre. Tienes mucha confianza y seguridad en ti mismo y te las ingenias para mantenerte motivado a pesar de cualquier cosa que ocurra. Tienes el optimismo y la fuerza de voluntad para ver a través de la adversidad. Tendrás éxito en las metas que te propongas, cualquiera que éstas sean. Buena suerte y recuerda quedarte siempre en el cuadrilátero.

Mayor puntuación de B. ¡No puedes decidirte si quieres o no!

Algunas veces quieres cambiar y otras no. Tienes grandes ideas que te inspiran, el problema es que el cambio exige un esfuerzo perseverante y a ti en realidad te gustaría cambiar si no fuera tan difícil. No te gusta cerrar demasiado pronto y para siempre tus opciones, lo que puede llevarte a un enfoque disperso cuando vayas por tus metas. No siempre te unes a la causa, y si puedes culpar a los demás cuando las cosas van mal, lo harás. Debes **concentrar** tu energía en lo que realmente quieres para permitirte tener éxito. Después de terminar de leer este libro, vuelve a leer los capítulos 4 (Concéntrate en lo que quieres), 5 (¿Resultados o excusas?) y 6 (Cree que puedes).

Mayor puntuación de C. ¡Es demasiado arriesgado para quererlo!

Te pasas el día soñando despierto acerca de lo que sería cambiar. Tienes algunos sueños pero son para las personas que están preparadas para correr riesgos. Bien, si haces lo que siempre has hecho, obtendrás lo que siempre has obtenido, pero este es tu momento de la verdad. **¿Lo quieres o qué?** Si la respuesta es un **sí** rotundo, entonces divide tu meta en partes pequeñas y comienza a hacer algo. Cada paso pequeño te animará a ir mucho más lejos y antes de que pase mucho tiempo estarás sorprendido de cuánto has logrado. Si la respuesta es "no" entonces deslízate a la zona gris donde puedas pasar sin pena ni gloria el resto de tu vida. Vuelve a leer el libro y esta vez respira hondo y ve realmente por todo.

Mayor puntuación de D. ¡Estás demasiado ocupado en jugar a ser el mejor apoyo!

¿Eres la persona que ganaría el Oscar al mejor actor o actriz de reparto?. ¿Te resulta más fácil enfocarte en el problema de otra persona que trabajar en el tuyo? Bien, mírate en el espejo y pregúntate si es hora de asumir la responsabilidad **de lo que quieres para ti mismo**. Algunos individuos, especialmente las mujeres, dedican toda su vida a concentrarse en lo que otras personas quieren: su esposo, sus hijos, sus padres, etcétera. Quieres mirar hacia atrás y hacerte la pregunta: "¿qué hubiera pasado si…?". Si estás contento con eso depende de ti, pero entonces me pregunto por qué leíste este libro. Este es tu momento de la verdad. **¿Lo quieres o qué?** Da el primer paso, di "no" y observa qué fácil es, después de todo, es sólo una palabra muy pequeña. Date tiempo para ti mismo, comienza ahora trabajando en lo que vas a hacer con el resto de tu vida. ¿Cuál será tu legado aparte de ser la pareja, el padre, el amigo, el "lo que sea" de alguien?. Hazlo ahora. Sólo se requiere dar un pequeño paso. Si eso es demasiado, vuelve a la zona gris y ten una gran vida, aunque dudo que sea así. Vuelve a leer el libro y esta vez léelo para ti.

Mi última palabra

¿Cómo te fue con el cuestionario?, ¿te llevaste alguna sorpresa? He disfrutado ser tu guía de viaje, pero ahora es el momento de que partas tú solo. Espero haberte inspirado a hacer algo diferente con tu vida, a salir de la zona gris hacia la zona absolutamente brillante, ahí es a donde me dirijo y quiero encontrarme allí contigo. Recuerda que no hay ensayo, o vas por tus metas o no vas, porque cualquier esfuerzo que sea menor que 100% es sabotaje. Buena suerte, aunque sé que no la necesitarás, ya que tienes todo lo que necesitas para ser, hacer y tener lo que quieras. Como decía Milton Erikson, "Que mi voz vaya contigo". Disfruta el viaje.

> *Vengan a la orilla.*
>
> *Podríamos caer.*
>
> *Vengan a la orilla.*
>
> *¡Está demasiado alto!*
>
> *¡VENGAN A LA ORILLA!*
>
> *Y vinieron*
>
> *y él los empujó*
>
> *y ellos volaron…*
>
> **Christopher Logue**

El final de lo imposible

Siento mi corazón latiendo con fuerza cuando me doy cuenta de que es mi turno para acercarme a los bloques con mi tabla en la mano. Ahora me sudan las manos y todo mi cuerpo empieza a temblar de emoción cuando siento la energía que asciende por mi cuerpo. ¿Alguna vez has tenido un instante, un momento, en el que sabías que descubrirías de lo que eras realmente capaz? Nada en mi vida hasta este momento parecía ser ya importante, la tabla en mi mano simbolizaba el resto de mi vida, cómo elegiría vivirla y qué lograría; entonces, sin presiones...

Oigo a mis compañeros, los otros estudiantes, que me animan conforme me acerco a los bloques. Ellos gritan "tú puedes" y "ve por todo". Siento su energía flotando hacia mí y se siente muy bien. Me reafirmo diciéndome "puedes hacerlo" una y otra vez. Vigilo la tabla, con mi mano derecha en posición perpendicular a ella. El asistente coloca mi mano en la parte superior de la tabla mientras me explica el proceso. Ahora no oigo nada excepto el sonido de su voz. Me dice que es la base de mi mano la que romperá la tabla y empiezo a imaginar mi mano a través de la tabla, fácil y sin esfuerzo. Quita la tabla de los bloques y esta vez hace que practique la velocidad y la energía necesarias para romperla. Lo oigo decir "estás lista".

Me hago a un lado para reunir energía, sé que en unos cuantos segundos descubriré si realmente puedo quebrarla y eso significa mucho para mí. Levanto los brazos formando un arco por encima de mi cabeza, mientras inspiro profundamente, entrelazo mis manos por encima de mi cabeza y las bajo con energía mientras exhalo. Me sorprendo con el fuerte sonido que oigo cuando expulso el aire; éste va amplificádose porque el resto del grupo respira conmigo. Debemos vernos como un grupo de nadadores sincronizados y llenos de energía. Respiro con fuerza otras cinco veces y cada vez, cuando exhalo, puedo sentir que mis niveles de energía suben rápidamente. Al final de la última respiración todo mi cuerpo arde de emoción, es como si pudiera hacer cualquier cosa.

Esto es

Camino hacia los bloques y vuelvo a poner mi tabla encima. El asistente de entrenamiento está en cuclillas frente a mí, enviándome toda su energía mientras me mira con sus grandes ojos color café. Todo el grupo está deseando que rompa la tabla. Literalmente puedo sentir su energía a mi alrededor y corriendo dentro de mí. Mientras estoy de pie frente a la tabla, deseo firmemente romper todas mis creencias limitantes, es decir, todo lo que me ha contenido hasta ese momento.

Cuando pienso en mis metas, levanto la mano y la hago caer sobre la tabla. Ésta se parte en dos. Mi mano es como un cuchillo caliente que corta mantequilla. Me oigo a mí misma gritando "¡sí!". ¡Cielos!, al final fue muy fácil, porque en ese momento tenía una completa concordancia con mis metas, y supe que mi vida nunca volvería a ser la misma otra vez. No más excusas, sólo la creencia de que todo es verdaderamente posible.

Qué sigue

The Change Corporation: nuestros programas*

Espero que este libro te haya inspirado. ¡Esto es sólo el comienzo! Si te gustaría seguir desarrollándote y trabajar personalmente conmigo, entonces aquí te presento lo que hacemos y cómo puedes contactarnos.

Programas corporativos

Nuestros clientes incluyen a Unilever, DHL, Nokia, PriceWaterhouse Coopers y Henley Management College. Ofrecemos programas internos diseñados a la medida para satisfacer tus requerimientos específicos en las áreas de administración del cambio, liderazgo y desarrollo y bienestar de equipos.

Coaching

Ofrecemos paquetes de *coaching* de vida y para ejecutivos. También tenemos la opción de una sesión intensiva de avanzada para resolver asuntos concretos.

Programas abiertos

Cambia tu vida con PNL. Nuestro taller de prueba de tres horas se lleva a cabo mensualmente. Mostramos cómo usar la PNL para tomar el control de tu vida y desarrollar una autoconfianza imparable.

Revitaliza tu vida: el método, partes 1 y 2. Diseñado para personas que quieren obtener energía y enfocarse de nuevo en su vida. Te guiamos por nuestro método único: enfoque, sentimiento, alimento, forma física, flexibilidad, retroalimentación y futuro.

Presentaciones impactantes. A muchas personas les asusta hablar en público más que casi cualquier otra cosa. Este programa usa la PNL para

---

*Estos programas aplican en Gran Bretaña (nota del editor).

desarrollar tu confianza y seguridad como presentador. Aprendes cómo presentar con carisma en cualquier situación y obtener los resultados que quieres.

Mujer vital. Hemos estudiado a fondo la relación de las mujeres con el poder. Muchas mujeres se sienten impotentes, ineficaces, ahogadas por la sociedad e incapaces de hacer que su vida sea tan dichosa y plena como desean. Este programa es para mujeres que quieren aprovechar su propio poder y darse cuenta de lo que son capaces de lograr en su vida.

Curso rápido de siete días para practicantes de PNL, practicantes de terapia de línea de vida y practicante de hipnoterapias. Aprenderás cómo usar las técnicas de PNL para transformar tu propia vida y ayudar a otros. Nuestro programa de practicantes te permite ser Practicante Certificado de PNL en siete días, es decir que ahorras 13 días contra el tiempo del curso tradicional. Esto lo hacemos con CDs de estudio previo que podrás utilizar tiempo después de que la capacitación haya terminado como una útil actualización. También estudiarás para practicante de terapia de línea de tiempo (*Practitioner of Time Line Therapy*™) y practicante de hipnosis.

Curso rápido en 14 días para maestro practicante de PNL, maestro practicante de terapia de línea de vida y maestro practicante de hipnoterapia. Nuestro programa de maestro practicante no sólo te permitirá adquirir tus habilidades de practicante para un nivel de maestría, sino que también te enseñará muchas técnicas avanzadas. Luego se junta todo al final del programa mediante una sesión de avanzada donde tú serás el *coacher* de un cliente, a la vez que tendrás tu propio *coacher* mediante una experiencia verdaderamente transformadora. También tendrás la oportunidad de ser maestro practicante de terapia de línea de vida (*Master Practitioner of Time Line Therapy*™) y maestro hipnotista. Este programa también tiene un componente de estudio previo.

Hay más información disponible en nuestro sitio web: www.thachangecorporation.com

correo electrónico: info@thechangecorporation.com

Lista de lecturas

Branson, Richard, *Screw it Let's Do it*, Virgin Books Ltd., 2006.

Chopra, Deepak, *Ageless Body, Timeless Mind*, Harmony Books, 1993.

Covey, Stephen, *The 7 Habits of Highly Effective People*, Simon & Schuster, 1989.

Csikszentmihalyi, Mihaly, *Flow*, Rider, 2002.

Cumes, David, *Africa in My Bones*, South African Spearhead, 2004.

Hay, Louisa, *You Can Heal Your Life*, Hay House Ltd. 2004.

Hill, Napoleon, *Think and Grow Rich*, Random House, 1960.

Knight, Sue, *NLP at Work*, Nicholas Brealey, 1995.

Logue, Christopher, *Selected Poems of Logue*, Faber and Faber, 1996.

Massey, Morris, *People Puzzle – Understanding Yourself*, Reston, 1979.

Mehrabian, Albert, *Silent Messages*, Wadsworth, 1972.

Meyer, Paul J., "Attitude is Everything" en *Attitude and Motivation* Vol. 2, publicado por Paul J. Meyer, fecha desconocida.

Neill, Michael, *You Can Have What You Want*, Hay House Ltd., 2006.

Mountain Dreamer, Oriah, *The Invitation*, Oriah House, 1995.

Pert, Dr. Candice, *Molecules of Emotion*, Simon & Schuster, 1998.

Pierce, Penney, *The Intutitive Way: A Guide to Living from Inner Wisdom*, Axion, 1997.

Robbins, Tony, *Unlimited Power, Unleash the Giant Within*, Simon & Schuster, 1991.

Los tres iniciados, *The Kibalión*, Cosmo Classics, 2006 (publicado originalmente en 1912).

Películas

What the Bleep Do We Know?, *Captured Light* y *Lord of the Wind*. Films y Revolver Entertainment, 2004 (www.thebleep.co.uk).

The Secret, TS Production LLC, 2006 (www.the secret.tv).